KB043188

한국의 당원을 말하다

한국의 당원을 말하다
당원의 현재와 미래, 그리고 한국형 정당모델의 탐색

초판 1쇄 발행 2019년 6월 30일

지은이 윤종빈·정수현 외 | 미래정치연구소 편

펴낸이 김선기

펴낸곳 (주)푸른길

출판등록 1996년 4월 12일 제16-1292호

주소 (08377) 서울시 구로구 디지털로 33길 48 대륭포스트타워 7차 1008호

전화 02-523-2907, 6942-9570~2

팩스 02-523-2951

이메일 purungilbook@naver.com

홈페이지 www.purungil.co.kr

ISBN 978-89-6291-808-3 93340

• 이 책은 (주)푸른길과 저작권자와의 계약에 따라 보호받는 저작물이므로 본사의 서면 허락 없이는 어떠한 형태나 수단으로도 이 책의 내용을 이용하지 못합니다.

• 이 도서의 국립중앙도서관 출판시도서목록(CIP)은 서지정보유통지원시스템 홈페이지(http://seoji.nl.go.kr)와 국가자료공동목록시스템(http://www.nl.go.kr/kolisnet)에서 이용하실 수 있습니다.(CIP 제어번호: CIP2019024702)

이 저서는 2016년 대한민국 교육부와 한국연구재단의 지원을 받아 수행된 연구임(NRF-2016S1A3A2924104).

미래정치연구소 학술 총서 시리즈 10

한국의 당원을 말하다

당원의 현재와 미래, 그리고 한국형 정당모델의 탐색

푸른길

서문: 어떻게 당원을 연구했는가?

윤종빈・정수현

명지대학교

2018년 중앙선거관리위원회의 자료에 따르면 우리나라 전체 당원 수는 7,507,952명으로 인구수 대비 14.5%, 선거인수 대비 17.6%가 정당에 가입한 것으로 나타난다(중앙선거관리위원회 2018, 17-18). 하지만, 오랜 기간 동안 정당 업무를 수행해 온 정당 사무처 직원들과 국회 관계자들은 중앙선거관리위원회가 발표한 당원 수와 정당 가입률은 두 가지 이유에서 신뢰하기 어렵다고 지적한다.

첫째, 중앙선거관리위원회는 각 정당이 제출한 자료를 수합해서 당원의 수를 발표할 뿐이며 각 정당의 당원 명부에 있는 사람들이 실제 당원인지 아닌지 여부를 엄밀히 검증하지 않는다. 그러나 각 정당은 자신의 세를 과시하기 위해서 당원의 수를 부풀리는 경향이 있기 때문에 정당이 제출한 자료를 토대로 전체 당원의 수를 추산하게 되면 실제보다 당원 수와 정당 가입률이 클 수밖에 없다.

둘째, 한 번 정당에 가입한 사람들이 정당으로부터 공식적으로 탈퇴하는 경우가 매우 드물다. 즉, 많은 유권자들이 과거에 주위의 권유에 의해서 혹은 자발적으로 정당에 가입했더라도 현재는 자신을 그 정당의 당원 소속이 아니라고 생각할 수 있지만, 공식적으로 정당에서 탈퇴하지 않았기 때문에 계속적으로 당원 명부에 있고 그 정당의 당원으로 간주되는 것이다. 자유한국당의 당원을 관리하는 사무처 직원에 의하면 2016년 말 박근혜 대통령 퇴진을 위한 촛불집회 이후 자유한국당의 당원 수가 감소했을 것이라고 예상했지만 실제로는 당원 수가 증가했다고 한다. 중앙선거관리위원회 자료에서도 2017년 자유한국당의 당원 수는 전년도에 비해 7.9% 증가한 것으로 나타난다. 또한 새누리당에서 자유한국당으로 당명이 변경되면서 이전에 새누리당 당원들 중에 자신을 자유한국당 당원으로 인식하지 않는 유권자들도 적지 않지만, 자유한국당에 탈당계를 제출하지 않았다면 자동적으로 새누리당에서 자유한국당으로 당적이 변경된 것으로 간주된다. 그렇기 때문에 민주화 이후 당명을 빈번하게 변경한 양대 정당의 경우 당원의 수가 당원 명부의 수보다는 훨씬 적을 것으로 예상된다.

그렇다면 어떻게 일반 유권자에서 당원을 구분하고 당원에 대한 연구를 수행할 수 있을 것인가? 지금까지 한국과 유럽에서 실시된 당원에 대한 연구들은 세 가지 설문조사 방법을 주로 이용했다. 첫번째는 정당으로부터 직접 당원 명단과 주소록을 받아서 각 정당의 당원 수를 파악하고 이들에게 우편이나 전화를 통해 설문조사를 실시하는 방법이다(Mair and van Biezen 2001; van Biezen et al. 2012; Gauja and van Haute 2015). 유럽 학자들의 당원 연구에서 흔히 사용된 이 방법은 상대적인 편의성 때문에 많이 이용되었지만, 정당이 발표한 당원의 수와 명단을 신뢰하기 힘들다는 문제점을 가지고 있다. 일반적으로 정당들은 자신의 세를 과시하고 신규 당원들을 유인하기 위해서 당원의 수를 실제보다 부풀려서 외부에 발표하는 경향이 있기 때문이다. 특히, 동유럽처럼 신생 민주주의 국가들의 정당들에게서 그 경향이 더욱 강하게 나타난다(Mair and van Biezen 2001, 11). 더군다나 우리나라처럼 당원의 이름이나 주소, 전화번호 등의 정보가 개인정보보호법의 보호를 받거나 대외비인 경우에는 정당의 협조 없이 연구자들이 당원들에 대한 설문조사를 실시하는 것이 거의 불가능하다.

두 번째는 유럽사회조사(European Social Survey)와 같은 여론조사에서 응답자가 밝힌 당원가입 여부와 소속 정당을 통해 전체 인구의 정당 가입률과 정당별 당원 수를 추정하는 것이다(van Biezen et al. 2012). 이 경우에 정당의 자기보고보다는 당원 가입률이나 정당별 당원 수를 보다 정확하게 측정할 수 있지만 특정 정당의 당원이나 인구 집단에서 응답률이 낮거나 높은 오류를 피할 수 없다. 또한 보통 여론조사의 표본 수가 1,000명 내외이고 국가별 정당 가입률이 10%가 안 되기 때문에 당원으로 분류된 응답자들의 인구사회학적 배경이나 설문에 대한 대답이 전체 당원을 대표한다고 보기는 어렵우며 애당초 당원을 대상으로 한 설문조사가 아니기 때문에 연구에 이용할 수 있는 문항이 한정적일 수밖에 없다.

세 번째는 우리나라 당원 연구에서 주로 이용한 방법으로서 중앙선거관리위원회 선거연수원이 진행한 당원교육에 참여한 당원을 대상으로 설문조사를 실시하는 것이다(강원택 2008; 김영태 2009; Koo 2018). 이 경우 당원들의 정당 가입 경로와 정당 운영에 대한 의견, 당원 활동과 이념성향 등 연구에 필요한 정당과 당원에 관련된 다양한 정보를 얻을 수 있는 장점은 있지만, 설문조사의 대상자들이 당원 교육에 참여할 정도로 정당

활동에 깊게 관여되거나 열성적인 당원들이기 때문에 일반적인 당원을 대표한다고 보기는 어렵다(김영태 2009, 201).

이 책의 집필자로 참여한 연구자들은 위의 방법들의 문제점을 인지하고 이와 다른 방식으로 우리나라 당원들의 표본을 추출하고 이들에게 설문조사를 실시하여 당원에 대한 연구를 수행하기로 결정하였다. 그리고 이러한 의견을 바탕으로 2019년 2월 1일에서 15일까지 명지대학교 미래정치연구소는 한국리서치와 함께 한국형 정당모델 탐색을 위한 국민의식조사를 실시했다. 설문조사는 전국에 거주하는 만 19세 이상 성인 남녀를 대상으로 했지만, 10여 개의 인구사회학적 배경과 정치 이념에 관한 문항 이후에 정당가입 여부를 물어보고 이 중에서 "특정 정당에 당원으로 가입"했다고 대답한 응답자만을 대상으로 계속 설문을 진행했다. 총 240,000명에게 조사를 요청하는 이메일과 문자메시지를 보냈으며 그 중에서 22,279명(9.3%)이 조사에 참여했고 전체 응답자의 5.71%인 1,273명을 당원으로 분류할 수 있었다.[1]

이렇게 얻은 당원들에 대한 자료를 바탕으로 한국 당원의 현재와 미래를 논하는 이 책의 구성은 다음과 같다. 제1장에서는 한국의 당원규모에 대해 통시적·비교적 방식으로 고찰하고, 당원과 비당원의 인구통계학적 차이와 행태적 특성에 대해 살펴보았다. 제2장에서는 서구 유럽 정당의 당원 가입 및 당원 유형의 분화에 관한 이론적 논의를 중심으로 한국 정당의 당원 및 당비납부에 관한 특수성을 검토했다. 제3장에서는 한국 당원

1. 이와 같이 이중 무차별 추출방식을 통해 당원들의 표본집단을 얻고 설문조사를 실시했을 경우에도 특정 정당의 당원이나 인구 집단에서 정당에 가입했다고 대답하는 응답률이 낮거나 높은 오류를 피할 수 없지만 사실상 당원의 모집단을 알 수 없기 때문에 지금까지 알려진 조사방법 중에서는 당원에 대한 정보를 가장 객관적이고 정확하게 얻을 수 있는 방법으로 판단된다. 또한 당원의식조사처럼 정당의 운영에 관한 당원들의 다양한 견해를 파악할 수 있는 장점도 있다.

들의 이념 성향과 경제, 외교안보, 사회분야 이슈들에 대한 태도를 검토하고 정당별로 당원들의 이념과 이슈태도가 어떠한 차이가 나타나는지를 알아보았다. 제4장에서는 정당에 직접 가입하고 있는 당원들이 정당의 활동과 스스로의 역할에 대해 어떻게 생각하고 있는지 검토하고, 이를 토대로 한국 정당의 문제점과 필요한 제안들을 살펴보았다. 제5장에서는 현재 한국 정당의 공천의 문제점을 진단한 후 당원들의 인식을 토대로 통해 바람직한 공천 방향에 대해서 제시하였다. 제6장에서는 대의민주주의가 당면한 위기를 조명해 보고 기술혁신이 정당에게 미치는 영향과 그 대응 방안으로서 한국형 정당모델을 모색하였다.

아무쪼록 기존 조사방법과 달리 새로운 방식으로 당원 표본을 추출하여 이들에 대한 설문조사를 토대로 당원들의 특성 및 역할을 분석하고 앞으로 한국 정당이 지향할 바를 제시한 이 책이 우리나라 정당과 당원들에 대한 이해에 큰 도움이 되었으면 하는 바람이다.

참고문헌

강원택. 2008. "한국 정당의 당원 연구: 이념적 정체성과 당내 민주주의." 『한국정치학회보』 42(2), 109–128.

김영태. 2009. "당원의 이념적·정책적 태도와 정당경쟁구도." 『한국정당학회보』 8(1), 197–223.

중앙선거관리위원회. 2018. 『2017년도 정당의 활동개황 및 회계보고』. 과천: 중앙선거관리위원회.

Gauja, Anika, and Emile van Haute. 2015. "Conclusion: Members and Activists of Political Parties in Comparative Perspective." In *Party Members and Activists*, edited by Emile van Haute and Anika Gauja, 186-201. Oxfordshire, United Kingdom: Routledge.

Mair, Peter, and Ingrid van Biezen. 2001. "Party Membership in Twenty European Democracies, 1980-2000." *Party Politics* 7(1): 5-21.

van Biezen, Ingrid, Peter Mair, and Thomas Poguntke. 2012. "Going, Going, ... Gone? The Decline of Party Membership in Contemporary Europe." *European Journal of Political Research* 51: 24-56.

| 차 례 |

제1장

누가 당원으로 가입하나?

허석재

국회입법조사처

논문에 대해 귀중한 조언을 해 주신 박경미 교수님께 감사드린다. 더불어 최신의 정당통계를 제공해 주신 중앙선거관리위원회 조병창 주무관님께도 감사의 말씀을 전한다.

Ⅰ. 서론

이 장은 한국 정당의 당원규모를 통시적·비교적 시각에서 고찰하고, 어떤 사람들이 당원으로 가입하는가를 분석한다. 단지 정당의 지지층으로 남지 않고 당원으로 가입하는 사람들이 갖는 특징을 행태적·이념적 차원에서 살펴본다.

정당은 현대 민주주의의 대표체계에서 시민과 국가 간의 연계(linkage) 역할을 수행하는 핵심적인 조직이다. 정당의 구성원이 당원이므로, 이들이 얼마나 되며, 어떤 사람들인가 하는 점은 민주주의의 작동에 있어서 매우 중요하다. 당원은 정당운영에 필요한 자금을 제공하고, 정당이 벌이는 각종 활동에 참여할 뿐 아니라 일상생활 속에서 동료와 이웃들에게 정당을 알리는 사절단 역할을 수행한다. 주요 공직에 진출하기 위해서는 당원이 되어야 한다. 각 정당으로서는 이러한 당원이 충분한 규모로 존재할 때 사회 속에서 정통성을 가질 수 있다.

현대 정당정치의 산실이라고 할 수 있는 서구 민주주의 국가에서는 지난 반세기 동안 당원이 줄어드는 추세였고, 이는 대의 민주주의의 위기 징후로 여겨져 왔다. 제도권 정치의 대표적인 참여방식인 당원 가입이 줄고, 의회 바깥의 비제도적 정치참여 비중이 늘어나면서 정당정치만 시험대에 오른 게 아니라 민주주의 제도 자체가 위협받고 있다는 것이다. 하지만, 서구에서도 모든 국가에서 당원이 줄어든 것은 아니며, 경우에 따라서 당원이 원래 많지 않았거나, 오히려 늘어난 사례도 있어서 일반화하기는 어렵다.

당원 규모와 관련하여, 한국의 유권자 가운데서 정당의 당원은 매우 극소수에 불과하며, 그 가운데서도 활동적인 당원은 소수일 것으로 추측된다. 하지만 통시적으로 보았을 때 한국의 당원은 차츰 늘어왔으며, 선진 민주주의 국가에 비해 적은 편도 아니다. 정당이 제공하는 통계는 신뢰성의 문제가 있는데, 이는 서구에서도 일반적인 문제이다. 이에 대한 대안적인 지표로 설문조사를 활용할 수 있는데, 설문 상의 당원은 한국이 주요 국가에 비해서 낮은 편에 속하지만, 이 또한 차츰 늘어나고 있다.

일반 유권자 가운데 누가 당원으로 가입하는가 하는 문제는 정당의 기능 측면에서나 정당운영의 전략적 방향 측면에서 중요하다. 정당 지도부로서는 정당을 구성하는 당원들이 득표기반이 되는 일반 유권자와 인구 구성이나 태도 및 행태에서 크게 다르다면, 어느 편에 맞춰서 강령과 정책 방향을 구축해야 할 지 고민스럽게 될 것이다. 전체적으로 보았을 때, 당원으로 가입하는 사람과 그렇지 않은 사람들이 매우 다른 구성과 생각을 갖고 있다면, 그러한 정당체제는 사회적 대표성을 갖기 어렵게 된다.

명지대 미래정치연구소가 2019년 2월에 시행한 〈한국형 정당모델 탐색을 위한 국민인식조사〉(이하 '당원조사') 자료를 분석한 결과, 한국에서 당원으로 가입한 사람들은 그렇지 않은 사람들보다 남성비율과 연령이 높고, 학력이 약간 낮았으며, 농림어업 종사자와 자영업자 비중이 높았다. 지역적으로는 호남지역의 당원 가입률이 높지만, 공식 통계와 설문을 통해 파악된 수치 간의 괴리도 가장 크게 나타났다. 당원은 비당원에 비해 각종 결사체 조직에 소속되어 활동하는 비율이 훨씬 높았다. 각 정당의 당원은 지지층에 비해 진보-보수의 이념 지형에서는 덜 양극화되어 있고, 정책 선호에 있어서는 좀 더 양극화된 모습을 보여 주었다.

글의 순서는 다음과 같다. 이어지는 장에서 한국의 당원 규모에 대해 다룬다. 각 정당이 중앙선거관리위원회에 보고하는 공식 통계와 설문조사를 통해서 파악한 수치를 함께 살펴보되, 통시적인 변화와 다른 국가와의 차이에 주목하여 한국 당원의 규모에 대해 고찰한다. 다음 장에서는 당원 조사를 활용하여 정당 당원의 사회적 대표성을 분석한다. 다음으로 각 정당의 당원과 지지자 집단 사이에 나타나는 인식과 태도의 차이를 보여 준다. 마지막 장에서 이 글의 주요한 발견을 요약하고, 이론적·실천적 함의를 도출하며 끝맺는다.

Ⅱ. 한국 정당의 당원 규모: 통시적·비교적 접근

서구에서 탈산업사회의 도래와 함께 기존의 정당들이 민주주의 정치 과정에서 행사하던 독점적인 영향력이 퇴색하고 있다. 사회세력과의 제휴관계가 느슨해지고, 세대교체 과정에서 개인화 경향이 심해지면서 서구의 정당들조차 '당원없는 정당'(Parties without partisans)으로 변모하고 있다는 진단이 내려진 지도 이미 오래 전이다(Dalton and Wattenberg 2000). 하물며 선거 때마다 투표용지에 다른 이름의 정당이 등장하는 한국의 현실에서 정당의 당원이란 일방적으로 동원된 수동적 존재이며, 그 수도 매우 소수에 불과하다는 것이 통념이다.

〈그림 1〉은 서구 주요 국가의 선거인수 대비 당원 비율(M/E ratio: Member/Electorate Ratio)을 통시적으로 보여 주고 있는데, 정당정치의 황금기라고 할 수 있는 1960~1970년대에 20%를 상회했던 스웨덴이나 덴마크와 같은 사례가 있는 반면, 흔히 정당민주주의의 모범사례로 일컬어지는 독일이나 네덜란드는 줄곧 5%미만으로 유지돼 왔다. 영국은 등락이 있지만, 유럽에서 정당의 당원 수가 가장 낮은 편에 속하며, 2000년대 들어 1% 수준에 머물고 있다.

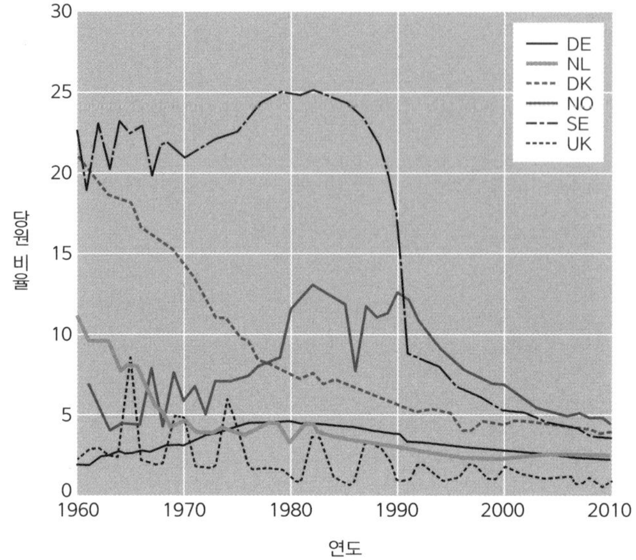

〈그림 1〉 서구 주요 국가의 선거인수 대비 당원 비율(1960~2010)

주: DE=독일, NL=네덜란드, DK=덴마크, NO=노르웨이, SE=스웨덴, UK=영국

자료: Kölln 2016, p.470

〈그림 2〉는 2000년대 말 시점에서 유럽 주요국의 당원통계와 한국을 비교해서 보여 준다. 각국의 각 정당이 공개한 자료를 집계한 것인데, 한국은 상당히 높은 축에 속한다. 2008년 기준 중앙선관위가 공개한 당원 수는 3,877,970명으로 전체 선거인의 10.4%에 달하며, 이는 유럽 대부분의 국가보다 높은 것이다.

이러한 통계수치는 우리가 체감하는 정당정치의 현실과는 거리가 멀다. 한국 정당의 당원이 독일보다 네다섯 배 많다는 통계를 곧이곧대로 믿기는 어렵다. 각 정당이 보고하는 당원통계를 집계하는 중앙선거관리위원회는 중앙당과 시·도당이 보내오는 수치를 비교·검토할 뿐 검증하는 작업은 하지 않는다. 정당들은 당원 수를 실제보다 부풀려서 알림으로써 지지기반을 과시할 유인이 있다. 이는 한국에만 해당하는 것은 아니고, 선

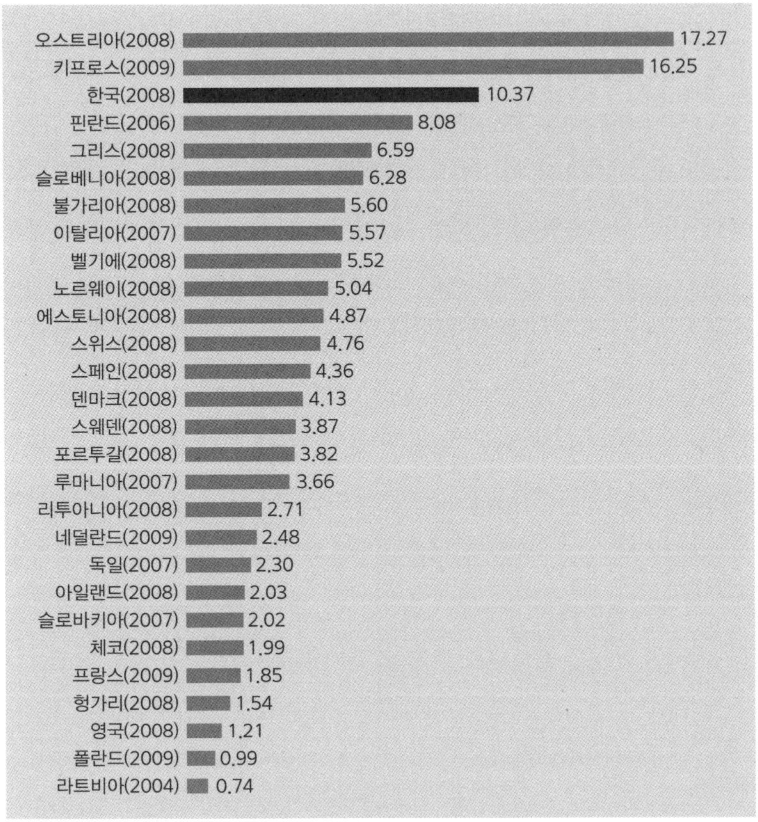

〈그림 2〉 선거인수 대비 당원 비율 비교

자료: van Biezen et al. 2012; 한국은 중앙선거관리위원회, 2009

진 민주주의 국가에서도 일반적인 현상이다(Mair and van Biezen 2001; Ponce and Scarrow 2012). 다만 얼마나 부풀렸는지를 확인하고 비교하는 것은 불가능하다.

〈그림 3〉은 지난 10년간 선관위가 제출한 당원 수 추이와 인구대비 당원비율, 당비납부 당원 비율을 보여 주고 있다. 선거인수는 선거가 있는 해에만 집계하므로, 인구수를 통해 당원비율의 추이를 살펴보았는데, 전

반적으로 늘어나고 있다. 2008년 7.8% 수준이었지만, 2018년에는 15.1%에 달한다. 같은 기간 당비를 내는 당원의 비율도 지속적으로 높아지고 있다. 정당별로 보더라도 (더불어)민주당(2014년 새정치민주연합 포함)과 자유한국당(한나라당, 새누리당 포함)을 중심으로 꾸준히 함께 늘었다. 2016년 이후 당비납부 비율이 급격히 높아진 것은 더불어민주당에서 큰 폭의 증가가 있었기 때문이다. 정당들이 당원 수를 부풀려서 보고하는 관행이 있다고 한들 지난 10년 사이에 특별히 더 부풀리는 것으로 보기는 어렵다. 전반적으로 당원의 수가 늘고, 그러한 당원 가운데서도 당비를 납부하는 당원의 비율은 높아지고 있는 것이다.

당원 통계의 신뢰성(reliability) 문제로 인해 당원 규모를 파악하기 위해 대안적인 방법으로 설문조사를 활용하기도 한다. 이 방법으로 '스스로 당원으로 인식하는 비율'(self-perceived party membership)을 파악할 수 있으며, 국가 간에 비교할 수 있는 수치를 확보할 수 있는 장점이 있다

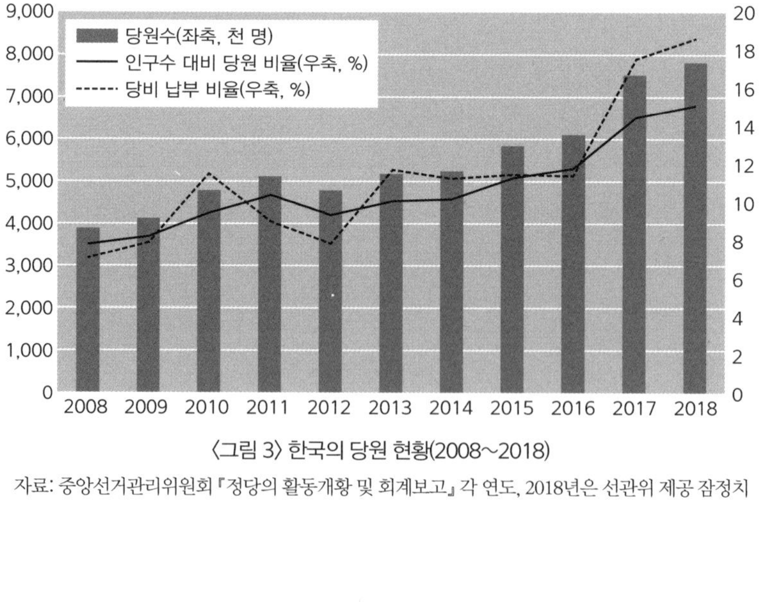

〈그림 3〉 한국의 당원 현황(2008~2018)

자료: 중앙선거관리위원회 『정당의 활동개황 및 회계보고』 각 연도, 2018년은 선관위 제공 잠정치

(Ponce and Scarrow 2012, p.680).

다음의 〈그림 4〉는 국제사회조사(ISSP: International Social Survey Programme)에서 당원으로 응답한 비율이다. ISSP는 매 조사마다 주제를 달리하는데, 2004년과 2014년에는 시민권(Citizenship)이 주제였고, 정당가입 여부를 문항에 포함하였다. '① 소속된 적 없다, ② 과거에 소속된 적이 있다, ③ 소속되어 있지만 활동은 안 한다, ④ 소속되어서 적극적으로 활동한다'라는 보기 가운데, ③번과 ④번을 선택한 응답자 비율이다. ②번과 같이 '과거에 소속된 적이 있다'라는 보기가 들어가는 이유는 탈당한 사람들이 당원으로 집계되어 당원 수가 부풀려지는 것을 막기 위해서이다. 일반적으로 정당이 발표하는 당원 통계에 이런 문제가 있다는 지적을 반영한 것이다.[1]

인도(2014년)의 경우 42%를 넘는 응답자가 당원이라고 밝혔고, 미국(2004)도 비슷하다. 남아공, 베네주엘라, 우루과이 등이 30%를 상회한다. 서유럽 국가들의 경우, 노르웨이가 16%를 넘고, 오스트리아도 18%(2004), 12%(2014)로 파악됐다. 아일랜드가 10%이고, 스웨덴은 9% 내외이며, 네덜란드가 11%(2004), 8%(2014)이다. 한국은 2004년 3.5%, 2014년 5.0%로 독일, 호주, 스페인 등과 비슷하다. 이번 명지대 SSK 사업단의 당원조사에서도 전체 응답자 가운데 당원이라고 응답한 비율은 5.8%이다. 이는 2014년 ISSP 조사와 근사한 값이며, 추세적으로 보더라도 차츰 높아져온 당원가입률과 일맥상통한다.

여기서 흥미로운 것은 정당정치의 본 고장이라 할 만한 서구 민주주의

---

1. 한국에서도 이런 문제로 인해 당원 통계가 부풀려진다는 지적이 있다. 반면, 연구를 위해 면담한 더불어민주당 관계자에 따르면 그러한 허수는 주기적으로 걷어내는 작업이 이루어진다고 한다. 지도부를 선출하는 전당대회 때마다 당원명부를 정비하는데, 선출권을 가진 당원의 명부가 잘못 돼 있다면, 후보 간에 갈등이 유발될 수 있다는 것이다(2019년 3월 28일 면담).

국가들을 중심으로 당원 통계보다도 훨씬 높은 비율로 당원이라는 사람이 많다는 것이다. 앞서 〈그림 2〉와 비교해 보면, 노르웨이의 경우 11%p. 이상 당원가입률이 높게 나타나며, 영국도 10%p.에 가깝다. 네덜란드, 아일랜드, 스웨덴, 벨기에, 덴마크, 독일 등 대부분의 서유럽 민주주의 국가에서 작게는 3%p.에서 많게는 10%p. 이상까지 정당의 통계보다도 설문을 통한 당원 수치가 높게 파악된다. 정당의 통계와 설문 수치가 유사한 국가는 불가리아, 오스트리아, 헝가리, 폴란드, 슬로베니아 등 동유럽의 신생 민주주의 국가들이다.

이는 각국의 정치적·문화적 차이에서 비롯되며 국제 비교를 위한 모든 설문조사가 맞닥뜨리는 문제인데(Hopkins and King 2010), 여기서는 사회적으로 바람직한 방향으로 응답하려는 편향(social desirability bias)이 각국마다 다르게 나타나고 있는 것을 알 수 있다. 서구의 경우 설문조사를 하더라도 응답자 가운데 당원이 아니면서도 당원이라고 밝히는 사례가 많아 당원통계와 마찬가지로 실제보다 부풀려진 결과를 얻게 된다는 게 중론이다. 탈당을 해서 더 이상 당원이 아니면서도 당원이라고 응답하는 사례도 있지만, 선거에서 기권하고도 투표했다고 거짓응답하는 것과 마찬가지로 당원이 아니라고 응답하는 데 대한 심리적 부담으로 인해 당원이라고 답하는 경우가 많다는 것이다(Scarrow and Gezgor 2010, p.826).

그런데 한국에서는 공식적인 당원통계에 비해 설문에서 당원이라고 밝히는 비율이 유독 낮은 것으로 나타난다. 한국에서는 당원이라는 사실이 사회적으로 바람직한 것이 아니라, 오히려 당원이 아니라는 응답이 그런 것으로 해석할 수 있다.[2] 즉, 두 차례의 ISSP 조사에서 한국의 당원 비율이 3.5%, 5.0%로 나타났지만, 실제로는 이보다 많을 수도 있는 것이다.

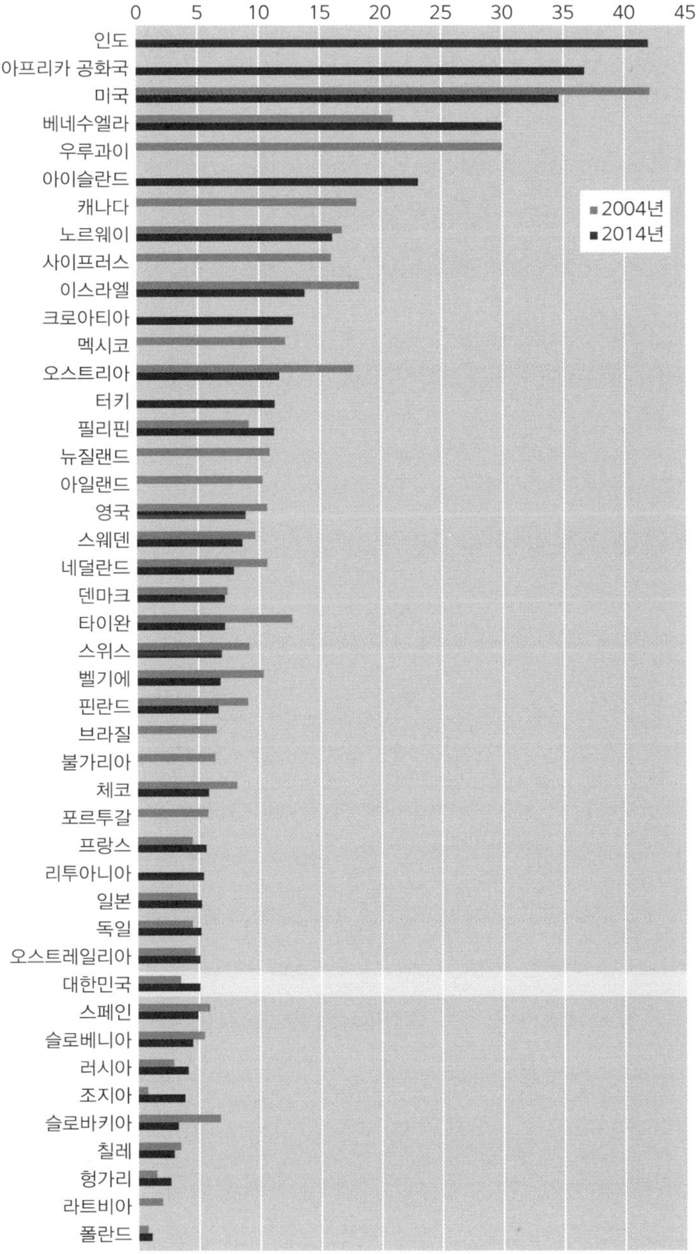

〈그림 4〉 당원가입 비율 ISSP 2004, 2014년(Citizenship module)

자료: International Social Survey Programme 2004, 2014년도, Citizenship (w.issp.org)

Ⅲ. 정당 당원의 사회적 대표성

이제부터는 한국 당원의 특성에 대해서 살펴본다. 정당은 공직자를 배출하는 역할을 하고, 이들은 당원 가운데서 당원의 지지를 얻어 후보가 된다. 대의민주주의에서 선출된 대표가 선출한 유권자들과 출신배경이나 정치적 견해를 얼마나 공유하고 있는가 하는 문제는 매우 고전적인 주제이다(Pitkin 1967; Miller and Stokes 1963; Eulau and Karps 1977). 공직자 가운데 특정 사회세력 출신이 많다면 이들의 이익이 더 많이 대변될 수 있으며, 특정 이념과 가치를 가진 사람들이 주로 공직에 진출할 수도 있다. 이들 선출된 엘리트가 소속되어 활동하는 정당의 구성원들도 이런 시각에서 접근할 수 있다.

다른 한편, 시민의 정치참여(political participation)의 견지에서 당원 가입 및 활동을 접근할 수도 있다. 누가 정치에 참여하는가에 대한 가장 강력한 설명으로 자리잡은 자원이론(resource theory)에 따르면, 소득이나 교육수준과 같은 사회경제적 위치가 참여수준을 결정한다. 경제력이나 학력 등에서 사정이 나은 사람일수록 참여에 필요한 지식과 정보가 많고 소통능력도 높아서 시민적 기술(civic skill)이 뛰어나다는 것이다(Verba et al. 1972; 1978; 1995). 특히 당원가입과 같이 강도높은(high-intensity) 참여의 경우에는 사회경제적 강자가 참여할 가능성이 더 높을 것으로 볼 수 있다(Leighley 1995).

캐나다 정당들을 분석한 크로스와 영(Cross and Young 2004)은 당원들이 일반인들에 비해 평균연령이 높아서 은퇴한 세대가 더 많고, 직업 안

---

2. 『한겨레21』 "저는 몰래 당원입니다"(2015.01.30. 제1047호) 기사는 당원이라는 사실이 밝혀지면 취업과 승진에서 차별받는 현실을 보도하고 있다.

정성과 교육 및 소득수준이 높다는 사실을 발견했다. 페더센 외(Pedersen et al. 2004)는 덴마크의 당원들을 분석했는데, 일반인에 비해 남성비율이 높고 연령도 많지만, 교육수준은 비슷했다.

하지만, 피트킨(Pitkin 1967)이 개념화한 바와 같이 위와 같은 속성상의 대표성(descriptive representation)이 곧 정치적 태도나 입장의 대표성(political representation)과 등치되는 것은 아니다. 부유한 정치인이라 하더라도 재분배 정책을 추구할 수 있고, 주류 인종 출신이더라도 인종 간 평등을 지지할 수 있으며, 남성이더라도 성평등 이념을 가질 수 있다. 위드펠트(Widfeldt 1995; 1999)는 유럽의 당원들이 일반인들에 비해 남성이 많고 연령도 많으며, 교육수준이 상대적으로 높은 상층계급으로 편중돼 있다는 사실을 발견했지만, 동시에 각 정당의 당원은 지지자들과 비슷한 이념 성향을 가졌다는 사실도 발견했다. 스피어(Spier forthcoming)는 독일 당원을 대상으로 각 정당 지지자의 평균이념과 당원의 이념 사이의 간극을 분석했는데, 자원이론의 예측과는 반대로 당원 가운데 여성일수록, 하층계급일수록, 저학력층일수록 자기 정당의 지지층과 비슷한 이념 성향을 나타냈다.

서구 정당에서 당원의 감소는 당원의 사회적·정치적 대표성 문제를 보다 첨예하게 만들 수 있다. 메이(May 1973)가 정식화한 바와 같이 당의 중간 간부 및 활동가들은 일반 당원이나 지도부에 비해 보다 급진적인 경향이 있는데, 이탈하는 당원들은 당 활동에 소극적일 뿐 아니라 당의 이념과 정체성을 분명하게 내면화하지 않은 경우가 많을 것이다. 이러한 당원 감소의 과정은 열성적이고 급진적인 당원만을 잔류시켜, 정당이 급진화되거나 내부 민주주의를 형해화할 가능성이 있다. 스케로와 게저(Scarrow and Gezgor 2010)는 유럽 주요국의 주요 정당들에 대해 1990년대와

2000년대를 비교한 결과 당원과 일반인 사이의 인구통계학적 차이나 이념적 차이는 더 커지지 않았다는 사실을 발견했다.

한국의 당원의 사회적·정치적 대표성에 대해서는 알려진 바가 거의 없다. 이에 대해 확인할 수 있는 자료가 없었기 때문이다. 기존에 몇 차례 시행된 당원조사는 중앙선거관리위원회 선거연수원이 실시하는 당원 교육에 참가한 사람들을 대상으로 삼았다. 이런 조사의 응답자들이 전체 당원을 대표한다고 보기 어려울 뿐 아니라, 교육 참가 자체가 선택 편향(selection bias)을 내포하고 있다. 교육에 참가하기 위해 각지에서 선거연수원으로 오는 사람들이라면 일반 당원에 비해 당에 대한 관심과 애착이 높을 것으로 예상할 수 있으며, 교육받는 현장에서 이뤄지는 설문이 응답에 영향을 미칠 소지도 있다. 이런 조사를 통해서 당원과 비당원의 차이를 관찰하기는 어렵다.

한국의 당원에 대해 과거에는 품삯을 받고 동원된 사람이라는 인식이 지배적이었는데, 이런 사람들은 상대적으로 소득이 적고 교육수준이 낮으며 노령인구일 가능성이 크다. 반면 정치권에서 금품 및 향응제공 관행이 크게 줄어든 데다, 당비납부 비율도 높아진 사정을 감안하면 서구정당과 같이 사회경제적 지위에 있어서 우월적인 사람들이 당원으로 더 가입해 있을 수도 있다. 이제부터 이번 당원조사 자료를 토대로 당원과 일반국민, 그리고 당원과 지지자 간의 차이를 항목별로 살펴보기로 하자.

1. 당원의 인구통계학적 특성

우선 당원의 지리적 분포를 살펴보자. 〈그림 5〉는 지역별로 선거인수 대비 당원 비율을 보여 주고 있는데, 2018년 선관위 자료나 2019년 당원조사에서 공히 전라남·북도에 가장 많은 당원이 있는 것으로 나타난다. 광주에도 상당한 당원이 있어서 진보개혁 성향 정당의 강세지역에 당원이 더 많다는 사실을 알 수 있다. 반면, 경상남·북도와 대구와 같이 보수정당의 강세지역에는 당원의 비중이 중하위권에 머물고 있다. 흥미로운 것은 선관위 자료와 당원조사 간의 차이이다. 전라남·북도와 광주는 당원의 규모가 많기도 하지만, 선관위 수치와의 차이도 가장 큰 지역이다.

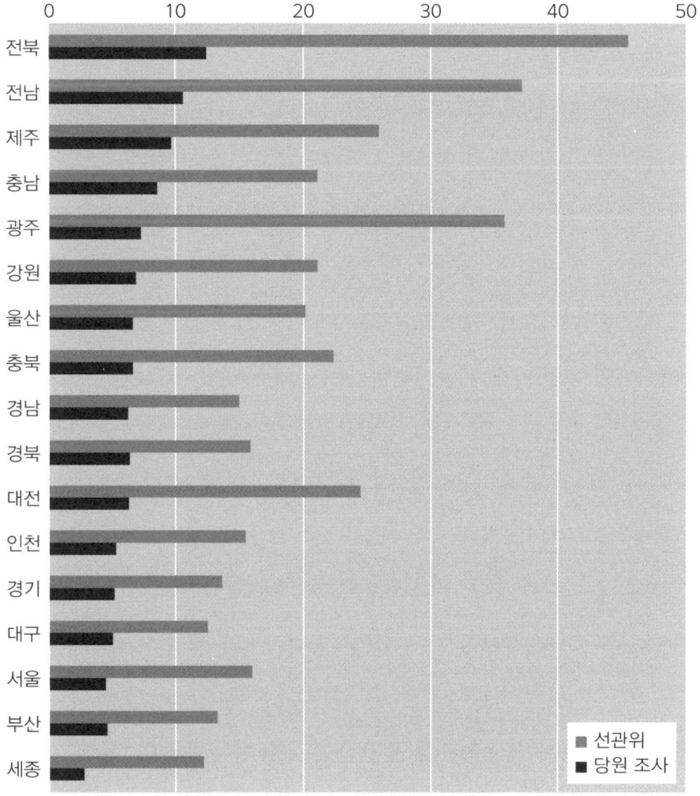

〈그림 5〉 시·도별 선거인수 대비 당원비율(단위, %)

자료: 2019년도 명지대 SSK 사업단 당원조사; 선관위 정당과 제공 2018년도 잠정치

각기 25.1%p., 31.9%p., 27.8%p.의 차이가 나고 있어 다른 지역에 비해 압도적으로 차이가 크다. 반면, 대구 7.0%p., 경상남도 8.1%p., 경상북도 8.0%p.로 나타난다. 인접한 지역 사이에서는 인구가 밀집한 도시지역에서 당원비율이 낮고, 농산어촌 지역의 비율이 높은 것을 알 수 있다.

당원조사 자료 상 당원과 비당원 사이의 인구통계학적 차이는 〈표 1〉에 나와 있다. 우선 나이가 들수록 당원 비율이 높아진다. 20대 가운데 당원 가입 비율은 3.7% 정도지만, 50대에서는 6.8%에 달한다. 성별로 보면 남성이 여성에 비해 가입 비율이 2.1%p. 높다. 하지만, 학력에 따른 체계적인 차이는 발견되지 않는다.

당원과 비당원 간에 소득수준의 유의미한 차이는 없는 것으로 나타나지만, 직업 및 고용형태를 살펴보면 흥미로운 패턴이 있다. 법조인, 회계사, 의사, 교수와 같은 전문직의 경우에는 당원 가입 비율이 4.75% 정도인데 반해, 농림어업 종사자는 11.21%이고, 도소매 상점주인, 유통업체 판매직원, 영업사원 등 판매직일 경우에는 가입 비율이 9.21%로 나타난다. 정당의 이익대표 채널이 농림어업이나 유통판매 및 자영업 분야에 좀 더 집중돼 있다는 방증으로 볼 수 있다. 앞서 지역별 분포를 보았을 때 농산어촌 지역에서 당원비율이 높았던 것과도 일맥상통한다. 고용형태를 보면 고용주나 자영업자가 8.77%로 가장 비율이 높고, 다음으로 비정규직(7.00%), 임시직원(6.42%), 정규직원(5.93%)의 순서이다. 이와 달리 당원가입 비율이 평균에 미달하는 사람들은 은퇴 및 실업 상태이거나 주부, 학생 등이다. 앞서와 마찬가지로 자영업자가 당원 가입비율이 높은데, 피고용자 가운데서는 상대적으로 불안정 고용상태일수록 당원으로 더 많이 가입돼 있는 것을 알 수 있다.

여기까지는 당원조사 상의 당원과 비당원 간의 차이를 본 것인데, 이 조

〈표 1〉 연령, 성별, 학력, 직업 및 고용형태별 당원비율

		당원	비당원	
연령	20대	3.69	96.31	x^2=42.260 (p=0.000)
	30대	5.14	94.86	
	40대	6.12	93.88	
	50대	6.75	93.25	
	60대이상	6.26	93.74	
성별	남자	6.70	93.30	x^2=45.096 (p=0.000)
	여자	4.60	95.40	
학력	중졸 이하	7.86	92.14	x^2=2.613 (p=0.0625)
	고졸	5.52	94.48	
	전문대 졸업	6.10	93.90	
	대학교 졸업	5.63	94.37	
	대학원 이상	5.75	94.25	
직업	농업/어업/임업	11.21	88.79	x^2=45.8160 (p=0.000)
	판매직	9.21	90.79	
	자영업주	8.77	91.23	
	관리직	7.19	92.81	
	생산직	7.05	92.95	
	서비스직	6.01	93.99	
	사무직	5.96	94.04	
	기업체 경영주	5.93	94.07	
	전문직	4.75	95.25	
고용형태	고용주/자영업자	8.77	91.23	x^2=95.4835 (p=0.000)
	비정규직원	7.00	93.00	
	임시직원	6.42	93.58	
	정규직원	5.93	94.07	
	퇴직 및 은퇴	5.04	94.96	
	실업(무직)	4.44	95.56	
	주부	3.33	96.67	
	학생	2.74	97.26	

사에서 비당원에 대한 문항은 당원을 추출하기 위한 용도이므로 매우 제한적이다. 보다 다양하게 당원의 특성을 비교하여 살펴보기 위해 다른 자료를 활용해 보자.[3] 아래 〈그림 6〉은 2018년 명지대 미래정치연구소가 2018년 지방선거 직후에 실시한 『정당과 사회통합에 대한 유권자 인식조사』(이하 '유권자 조사") 자료와 비교한 것이다. 당원조사 상의 당원과 해당 정당의 지지자 사이에 생활수준과 자산수준의 차이를 보여 주고 있다. 두 조사에서 정확히 같은 설문방식으로 생활수준과 자산수준을 물어보았다. 스스로 평가하는 생활수준은 11점 척도로 "선생님 댁의 현재 생활수준은 다른 가족들과 비교할 때 어느 수준에 있다고 생각하십니까? 0은 다른 가족에 비해 매우 낮음을, 10은 매우 높음을 의미합니다."에 대한 응답이다. 자산수준은 12점 척도로 "선생님 댁의 순재산(금융부채, 임대보증금 등의 부채를 제외)은 어느 정도입니까?"라는 질문에 대해 1천만 원 미만(①)부터 10억 원 이상(⑫)까지의 보기 가운데 고르게 한 것이다.

우선 스스로 생각하는 생활수준은 대체로 비슷하지만, 전반적으로 당원이 지지자에 비해 높은 것으로 나타난다. 자유한국당을 제외하면 통계적으로도 유의한 수준에서 차이가 있다. 이는 자원이론의 예측에 부합하는 것이다. 그런데 자산수준을 보면 꼭 그렇지가 않아서 더불어민주당과 민주평화당은 당원이 지지자보다 약간 높으나 유의한 차이는 아니며, 자유한국당과 바른미래당의 경우 지지자가 당원에 비해 자산수준이 높게 나타난다. 이는 자신의 실질적인 재산상태에 비해 스스로의 생활수준을 높게 평가한다는 뜻인데, 정책결정과 자원배분의 권력을 보유한 정당에 소속됨으로 인해 높은 효능감을 가지게 된 것으로 볼 수도 있다. 정말 그

3. 이하의 분석에서 정당별 당원의 속성을 다루는 경우, 더불어민주당과 자유한국당 이외의 당원은 응답자가 70명 미만에 불과하여 해석에 주의가 필요하다.

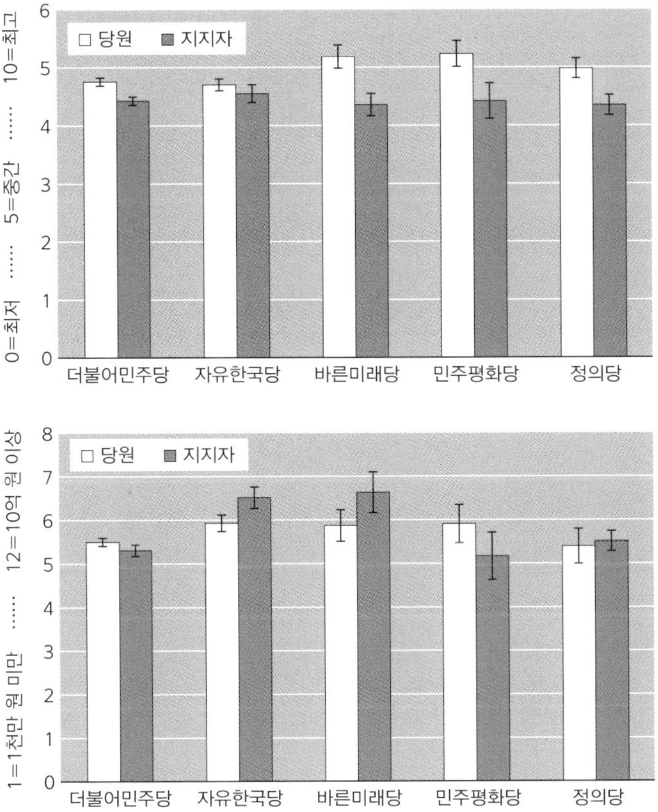

〈그림 6〉 당원과 지지자의 생활수준과 자산수준

주: 막대는 평균값이며, 오차막대는 표준오차(standard error)를 의미함
자료: 당원은 당원조사, 지지자는 유권자 조사

러한지 확인하기 위해 당원조사와 유권자조사에 모두 포함된 정치효능감(political efficacy) 지표를 비교할 수 있다. 이 지표는 전형적인 네 가지 진술**4**에 대한 동의 여부를 4점 척도로 물어본 것이다. 각각의 진술을 통해

4. "나 같은 사람들은 정부가 하는 일에 대해 어떤 영향도 주기 어렵다", "정부는 나 같은 사람들의 의견에 대해 관심이 없다", "나는 한국이 당면한 중요한 정치문제를 잘 이해하고 있다", "대부분의 한국 사람은 정치나 행정에 대해 나보다 잘 알고 있다"

정치효능감이 높은 비율을 당원과 일반국민 사이에 비교해 보면, 전반적으로 당원의 효능감이 높다. "나 같은 사람들은 정부가 하는 일에 대해 어떤 영향도 주기 어렵다"에 대해서는 당원이나 유권자나 거의 비슷한 응답을 하였지만, "정부는 나 같은 사람들의 의견에 관심이 없다"에 동의하지 않는 비율이 당원 37.7%인 반면, 일반국민은 32.9%이다. "나는 한국이 당면한 중요한 정치문제를 잘 이해하고 있다"에 대해 동의하는 비율이 당원 75.4%인데 반해, 일반국민은 69.8%이다. "대부분의 한국 사람은 정치나 행정에 대해 나보다 잘 알고 있다"에 대해 당원의 55.3%가 동의하지 않지만, 일반국민은 49.7%만이 동의하지 않는다.

2. 당원의 행태적 특성

정당가입은 정치참여 가운데서도 강도가 높은 것으로 볼 수 있고, 그런 만큼 사회적 결사체에 더 강하게 결속돼 있을 뿐 아니라, 사회자본이 높아서 신뢰수준도 높을 것으로 예상할 수 있다. 〈그림 7〉은 당원조사와 국가승인통계인 2018년도 「사회통합실태조사」 상의 결사체 활동과 신뢰수준을 비교한 것이다. 결사체 참여는 열거한 단체에 대해 '소속되어 있으며 적극적으로 참여한다', '소속되어 있으며 가끔 참여한다', '소속되어 있지만 자주 참여하지는 않는다', '소속되어 있지만 전혀 참여하지 않는다', '과거에 소속된 적이 있으나 현재는 아니다', '소속된 적이 없다' 가운데 고르게 한 것인데, 참여와 불참의 이항변수로 재분류한 것이다. 신뢰도 각 집단에 대해 '매우 신뢰한다', '신뢰한다', '신뢰하지 않는다', '전혀 신뢰하지 않는다'의 보기를 주었지만, 신뢰와 불신의 이항변수로 변환했다.

전반적으로 동창회, 향우회 등 1차 집단의 참여가 많고 직능단체, 사회단체 등 2차 집단에 대한 참여가 적은 것은 한국사회의 일반적인 현상이다. 그런데, 일반인에 비해 당원의 사회참여는 월등히 높다는 것을 알 수 있다. 특히, 자원봉사, 지역조직, 사회적 경제, 시민단체, 직능단체 등 이

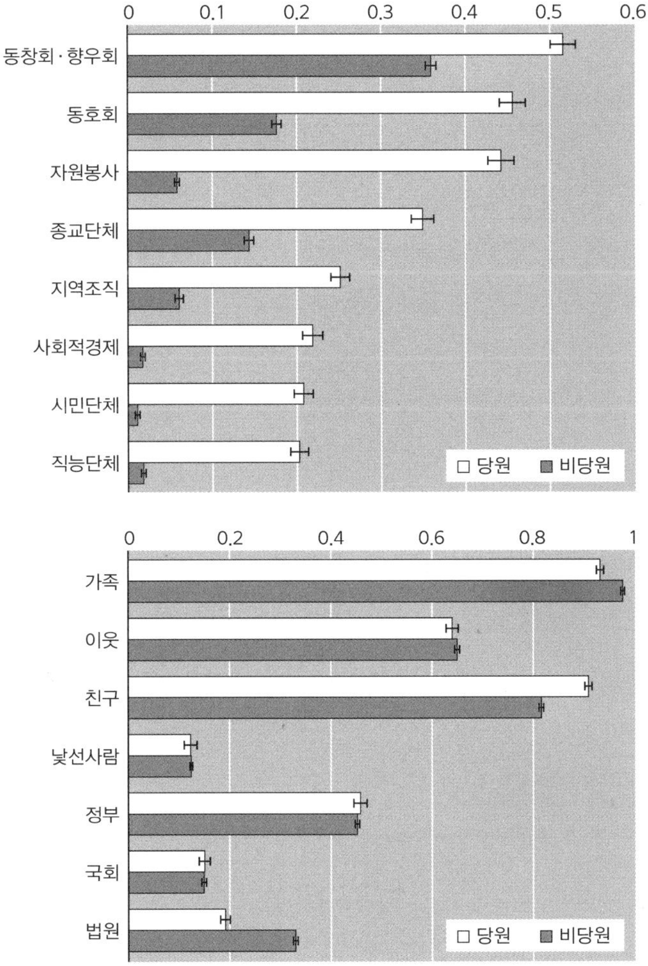

〈그림 7〉 당원과 비당원의 결사체 활동과 신뢰수준(비율)

주: 막대는 평균값이며, 오차막대는 표준오차(standard error)를 의미함
자료: 당원은 당원조사, 비당원은 2018년 사회통합실태조사

질적인 집단 간의 융합을 이루어 교량적(bridging) 사회자본을 생성할 수 있는 활동에 훨씬 더 많이 참여하고 있다(Putnam 2000). 자원봉사의 경우 당원은 44.2%가 참여하고 있지만, 비당원은 5.7%에 불과하다. 직능단체의 경우에도 당원의 참여율은 20.2%인 반면, 비당원은 1.8%에 머물고 있다.

반면, 신뢰수준에 있어서 당원과 비당원이 차이는 별로 없는데, 흥미롭게도 가족에 대해서는 비당원의 신뢰가 높고, 친구에 대해서는 당원이 높으며, 법원에 대한 신뢰는 상당한 차이로 당원이 낮은 것을 알 수 있다.

〈그림 8〉은 2019년 당원조사 상의 당원과 2019년 유권자 조사 상의 각 당 지지자 및 투표자의 11점 척도 이념성향의 평균점수를 도표화한 것이다. 여기서 투표자는 기초의원 투표정당을 기준으로 했는데, 가장 정보가 적은 상태의 투표이기에 정당에 따라 했을 것이라는 예상에 기반한 것이다.[5] 대체로 당원이나 지지자, 투표자의 이념적 배열은 비슷하나 좌우로 벌어진 정도에 차이가 있다. 당원과 투표자를 비교해 보면, 당원들의 이념 위치가 투표자에 비해 좀 더 양극화되어 있다. 반면, 당원과 지지자를 비교해 보면, 정의당을 제외하면 당원에 비해 지지자 사이에서 더 이념적 양극화가 나타나고 있다. 자유한국당 지지자는 당원에 비해 한결 우측으로 치우쳐 있으며, 민주당 지지자는 민주당원에 비해 약간 더 좌측으로 위치해 있다. 민주평화당도 마찬가지이다. 반면, 정의당은 당원이 지지자에 비해 좀 더 좌측에 있다. 당원의 이념분포는 투표자에 비해서는 보다 좌우로 극화된 상태이다. 당원과 지지자 간의 차이를 보면, 당원이 더 급진적이라는 가설은 성립하기 어렵다. 민주당 지지자가 민주당원보다 더 진보적이

5. 2018년 유권자 조사에서 비례대표 후보에 대한 투표는 물어보지 않았다.

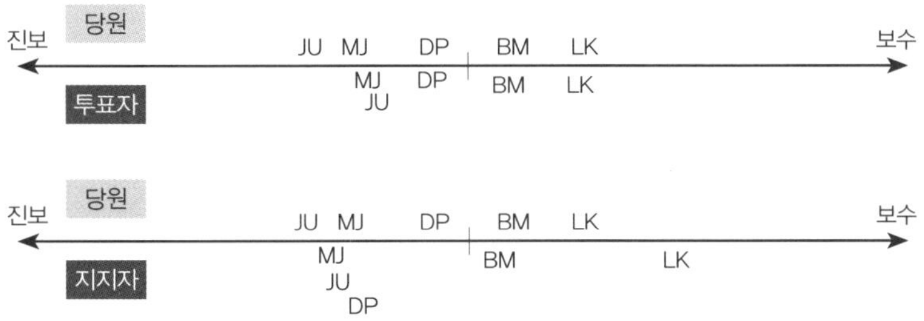

〈그림 8〉 당원, 지지자, 투표자의 이념성향

주: 좌측부터 JU=정의당, MJ=더불어민주당, DP=민주평화당, BM=바른미래당, LK=자유한국당
자료: 당원은 당원조사, 지지자는 유권자 조사

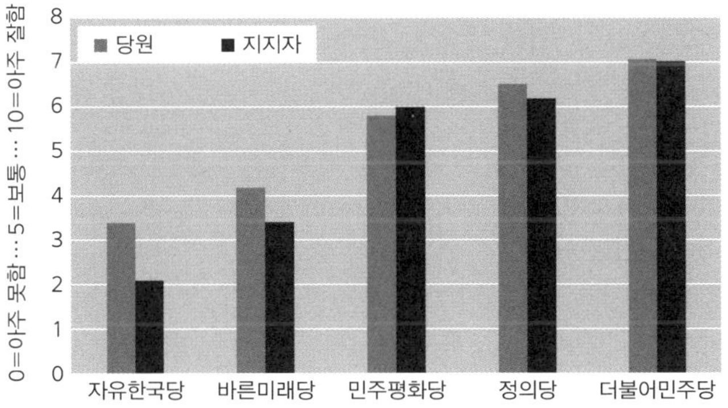

〈그림 9〉 당원과 지지자의 대통령 국정운영 평가

고, 한국당 지지자가 한국당원보다 더 보수적이다. 지지자>당원>투표자의 순서로 이념적 양극화가 이뤄지고 있다.

인식의 양극화는 대통령의 국정운영에 대한 평가에서도 나타난다. 〈그림 9〉는 '문재인 대통령의 직무수행(국정운영)'에 대해서 '아주 못하고 있다'(0)에서 '아주 잘하고 있다'(10)의 11점 척도로 물어본 데 대해 각 정당의 당원 및 지지자별 평균값을 보여 준다. 이념적으로 보수적인 정당일수록 대통령에 대한 평가가 박하고, 진보적인 정당일수록 후한데, 당연히 집권당인 더불어민주당의 당원과 지지자가 가장 좋게 평가하고 있다.

그런데 당원과 지지자 사이의 차이를 보면, 가장 보수적인 자유한국당 당원의 평균값이 3.4인 반면, 지지자들의 평균은 2.3으로 더 부정적으로 평가하고 있다. 바른미래당도 당원은 4.4, 지지자 3.6으로 상당한 차이가 난다. 반면 이념적으로 진보 쪽으로 좀 더 가까운 민주평화당의 경우 당원에 비해 지지자가 좀 더 긍정적으로 평가했다. 정의당만이 당원이 지지자에 비해 더 높게 평가하고 있다. 앞서 이념분포와 마찬가지 결과이다.

Ⅳ. 결론

우리는 이제까지 한국의 당원 규모에 대해 통시적·비교적 방식으로 고찰하였고, 당원과 비당원의 인구통계학적 차이와 행태적 특성에 대해 살펴보았다. 아울러, '당원조사'를 활용하여 정당의 당원을 지지자 및 투표자와 비교하여 이념과 태도를 분석하였다. 한국의 당원규모는 정당정치의 역사가 오래된 유럽에 비해서도 결코 적은 수치가 아니다. 지난 10여 년간 당원은 계속해서 늘어 왔고, 당비를 내는 당원의 비율도 높아져 왔다. 한국의 당원은 남성의 비율이 높고, 연령이 증가할수록 많이 가입하지만, 고령층에서는 다소 하락하는 비선형적 패턴이다. 당원과 비당원 간의 소득과 학력의 격차는 미미하다. 농림어업 종사자의 비중이 높으며, 자영업자·비정규직이 상대적으로 많이 가입했다. 공식 통계상으로나 설문조사 결과나 모두 호남지역의 당원 가입비율이 높은데, 정당이 보고하는 수치가 실제보다 부풀려진 정도도 호남이 가장 높을 것으로 추측된다. 당원들은 비당원에 비해 사회적 신뢰수준에서는 별 차이가 없지만, 결사체 활동에 있어서는 훨씬 활발하다. 각 정당의 당원은 지지자 집단에 비해 자산

보유 수준은 낮은 데도 자신이 평가하는 생활수준은 높다고 생각하는 경향이 있으며, 이는 정치적 효능감과 관계된 것으로 볼 수 있다. 당원은 지지층에 비해 이념적으로 덜 양극화돼 있으며, 대통령의 국정운영에 대한 평가도 마찬가지이다.

그간 정당의 개혁방향에 대해 여러 논의가 있었는데, 주로 규범적인 접근이 다수를 이루었고, 경험적인 연구는 극소수에 불과하였다. 여러 이유 가운데 하나는 한국의 당원에 대해 정확히 파악할 만한 자료가 없었기 때문이다. 이번 당원조사는 누가 당원이 되고, 그들이 다른 사람들과 어떻게 다른지를 파악할 귀중한 기회를 제공한다. 한국의 당원은 사회적 대표성에 있어서 전체 인구집단에서 크게 벗어나지 않으며, 지지자에 비해서 더 양극화된 것도 아니다. 만일 '당심과 민심의 괴리'라는 것이 있다면, 그것은 당원에 비해 지지층 사이에 더 강한 것으로 나타났다. 이러한 경험적 기반을 갖고 보다 생산적인 정당에 대한 논의가 이뤄질 수 있을 것이다.

참고문헌

중앙선거관리위원회, 『정당의 활동개황 및 회계보고』 1996~2017년 각 연도

Cross, William, and Lisa Young. 2004. "The contours of political party membership in Canada." Party Politics 10(4): 427-444.

Eulau, Heinz, and Paul D. Karps. 1977. "The puzzle of representation: Specifying components of responsiveness." Legislative Studies Quarterly 2(3): 233-254.

Hopkins, Daniel and Gary King. 2010. "Improving Anchoring Vignettes: Designing Surveys to Correct Interpersonal Incomparability." Public Opinion Quarterly, 74(2): 201-222.

Kölln, Ann-Kristin. 2016. "Party membership in Europe: Testing party-level explanations of decline." Party Politics 22(4): 465-477.

Leighley, Jan E. 1995. "Attitudes, opportunities and incentives: A field essay on political participation." Political research quarterly 48(1): 181-209.

May, John D. 1973. "Opinion structure of political parties: the special law of curvilinear disparity." Political studies 21(2): 135-151.

Miller, Warren E., and Donald E. Stokes. 1963. "Constituency influence in Congress." American political science review 57(1): 45-56.

Pedersen, Karina, Lars Bille, Roger Buch, Jørgen Elklit, Bernhard Hansen and Hans Jørgen Nielsen. 2004. "Sleeping or active partners? Danish party members at the turn of the millennium." Party Politics 10(4): 367-383.

Pitkin, Hanna F. 1967. The concept of representation. Univ of California Press, 1967.

Ponce, Aldo F., and Susan E. Scarrow. 2016. "Which members? Using cross-national surveys to study party membership." Party Politics 22(6): 679-690.

Putnam, R. 2000. Bowling alone: the collapse and revival of American community. New York: Simon and Schuster.

Scarrow, Susan E., and Burcu Gezgor. 2010 "Declining memberships, changing members? European political party members in a new era." Party Politics 16(6): 823-843.

Scarrow, Susan. 2014. Beyond party members: Changing approaches to partisan mobilization. Oxford: Oxford University Press.

Spier, Tim. forthcoming. "Still Connected? Attitudinal Representativeness of German Party Memberships." German Politics.

van Biezen, Ingrid, Peter Mair, and Thomas Poguntke. 2012. "Going, going,... gone? The decline of party membership in contemporary Europe." European journal of political research 51(1): 24-56.

Verba, Sidney, and Norman H. Nie. 1972. Participation in America: Political Democracy and Social Equality, Chicago: The University of Chicago Press.

Verba, Sidney, Norman H. Nie, and Jae-on Kim. 1978. Participation and Political Equality: A Seven-Nation Comparison, Cambridge: Cambridge University Press.

Verba, Sidney, Kay Lehman Schlozman, and Henry E. Brady. 1995. Voice and Equality: Civic Voluntarism in American Politics, Cambridge: Harvard University Press.

Widfeldt, Anders. 1995. "Party membership and party representativeness." H-D Klingemann and D. Fuchs (eds.) Citizens and the State, Oxford: Oxford University Press. 134-182.

Widfeldt, Anders. 1999. "Losing touch? The political representativeness of Swedish parties, 1985-1994." Scandinavian Political Studies 22(4): 307-326.

한겨레21 2015.1.30. 제1047호

제2장

누가 왜 당비를 내는가?

한정훈

서울대학교

본 연구는 미래정치연구 제9권 제1호에 게재된 논문을 지면 제약 등을 고려하여 일부 수정한 것이다.

I. 서론

전통적으로 정당의 당원은 정당의 조직유지 및 선거캠페인, 그리고 유권자와의 연계활동 등을 통해 조직적 정당성을 뒷받침하는 역할을 수행하였다. 그러나 1970년대 이후 정당 쇠퇴의 추세는 이와 같은 당원의 역할에도 상당한 변화를 수반하는 것으로 알려졌다.[1] 물론 정당쇠퇴에 관한 주장이 여러 측면에서 과장되었다는 비판도 제기되지만 대중정당론을 배경으로 당원의 역할을 규정하는 방식이 더 이상 타당하지 않다는 점에는 상당한 동의가 이루어지고 있다. 특히 전투적 당원(militants), 일반당원(members), 지지자(supporters) 및 일반 유권자(electors)로 정당과 유권자의 관계 유형을 분류한 듀베르제(Duverger 1954)의 모형의 유용성이 감소했다는 주장(Scarrow 2015)과 함께 변화하는 사회적 환경에 대응하기 위한 정당과 유권자의 다양한 관계 유형에 대한 논의가 검증과정을 거치고 있다(예를 들어 Poletti et al. 2019; Hooghe and Kölln 2018; Passarelli and Tuorto 2018; Webb et al. 2017).

그러면, 정당과 유권자 사이의 관계가 다변화하고 있다는 이와 같은 서구 사회의 논의가 한국에서도 유효한 것일까? 한편으로는 한국 사회의 유권자들 역시 이전과는 다른 방식으로 정당과 관계를 형성할 것이라는 예상이 자연스러워 보인다. 왜냐하면, 서구 사회에서 정당과 유권자가 맺는 관계가 다변화하는 원인으로 지적되는 유권자 선호의 다양화 및 기술 발전에 따른 정치참여 방식의 다양화는 민주화 이후 급격한 사회적 변화와 소셜네트워크 등을 포함한 온라인 매체의 발달을 특징으로 하는 한국 사

1. 정당쇠퇴론에 대한 대표적인 저서로는 달톤과 와텐버그(Dalton and Wattenberg 2000)를 들 수 있다.

회에서도 유효하기 때문이다. 그러나 다른 한편으로 한국 유권자와 정당과의 관계가 다양한 유형으로 발전할 가능성에 대해 회의적인 시각 역시 근거가 약하지는 않을 것 같다. 한국 정당조직의 빈번한 변화와 짧은 역사는 당원으로 가입하고 당비를 내는 전통적인 방식 이외의 새로운 방식의 유권자와 정당의 관계가 발전하는 데 장애로 작용하기 때문이다. 정당의 조직적 안정성이 낮다는 사실을 고려할 때, 공식적인 당원 또는 소위 진성당원으로 불리는 유형 이외에 정당과 일정한 관계를 유지하면서 지속적으로 지지강도를 유지할 수 있는 유권자 집단이 형성될 수 있을지가 의문인 것이다.

한국 정당에 관한 기존 연구는 이와 같은 당원의 유형화 가능성 또는 정당과 유권자 관계 다변화 가능성에 대한 논의가 빈약하다. 아마도 당원 개인 수준의 인식과 태도를 분석할 수 있는 자료가 부족한 현실이 연구를 방해하는 주요 요인이었을 것 같다. 한국 정당들이 소속 당원에 대한 정보를 외부에 공개하지 않기 때문에 매년 각 정당이 중앙선거관리위원회에 보고하는 집합적 수준의 자료가 당원에 관한 자료의 대부분이다. 예외적으로 선거연수원의 당원 교육 기간 중 이루어진 간헐적인 설문조사 자료가 존재하지만 시기적으로 2010년 초반까지의 자료에 국한된다. 다만, 이와 같이 당원에 대한 자료가 부족한 가운데에서도 한국 정당정치의 활성화를 위해 필요한 자발적으로 당비를 내는 당원의 부족현상(윤종빈 2012), 당원과 소속정당 간 강한 이념적 동질성(강원택 2008), 일반대중과 비교할 때 이념적으로 양극화된 당원의 선호(김영태 2009) 등을 밝힌 연구들은 매우 주목할 만하다고 생각된다. 그럼에도 불구하고 이들 연구의 대상이 선거연수원의 당원 교육에 참여한 소위 핵심당원에 국한된다는 점에서 서구에서 논의되는 다양한 유형의 정당과 유권자의 관계를 이해하는

데 한계가 있을 것으로 보인다. 또한 일부 연구는 한국 정당의 개혁 방향을 논의하는 과정에서 당비를 내는 당원의 중요성 및 정당과 유권자와의 소통의 문제에 대해 지적하고 있으나(예를 들어, 정진민 2011) 여전히 당원에 대한 논의를 당비를 내는 당원에 제한하고 있는 문제가 있다.

본 연구는 이와 같은 인식에 기초하여 한국 정당과 유권자의 관계에 대한 논의를 한 단계 발전시키는 것을 목적으로 한다. 특히 서구 유럽 사회가 당원의 유형 다각화를 경험하고 있는 상황에서 한국 정당의 당원들은 정당과 어떤 관계를 맺는지를 살펴보고자 한다. 이를 위해 한국 정당의 경우 스스로 당원이라고 규정함에도 불구하고 당비를 내지 않는 당원이 존재한다는 사실에 주목하고, 당원들 사이에 당비를 내거나 그렇지 않은 분화가 발생하는 원인을 살펴보고자 한다. 이 과정에서 본 연구는 당원 가입 및 당원의 행태에 영향을 미칠 것으로 보이는 세 가지 이론적 논의를 제시하고, 이로부터 도출된 당원의 당비납부 여부에 관련된 경험적 가설을 검증하고자 한다. 특히 정당이 제공하는 개별적 유인과 유권자 개인이 정당 참여를 통해 실현하고자 하는 집합적 유인, 그리고 기술발전과 함께 정치 참여 기회구조의 변화와 같은 요인이 당비납부 여부를 결정하는 데 미치는 효과를 검증할 예정이다. 이를 통해 정당의 당원이 감소라는 일반적 추세 아래서 당비를 납부하면서 적극적인 정당활동을 전개하는 유형과 그렇지 않은 유형의 당원과의 구분이 발생하는 원인을 모색하고자 한다.

방법론적으로 본 연구는 당원의 인식을 조사하기 위해 기획된 설문조사 자료를 활용한다는 점에서 기존 연구가 일부 선별된 당원을 대상으로 했던 선택편향(selection bias) 문제를 완화한다. 다시 말해, 본 연구의 분석대상은 선거연수원의 당원 교육과정에 참여한 핵심당원에 제한되었던 기존 연구와 달리 무작위 표집(random sampling)에 기초한 당원 표본에 해당한다. 이를 위해 설문조사의 자료는 두 단계의 과정을 거쳐 수집되었다. 첫 번째 단계에서는 우선 일반 유권자 24만 명을 대상으로 무작위 표집(random sampling)을 실시하였으며, 이 과정에서 스스로 당원이라고 응답한 1,273명의 표본을 선정하였다. 다음으로 두 번째 단계에서 이들의 인식을 조사하기 위한 구체적인 설문 문항에 대한 응답 자료를 수집하였다. 이와 같은 자료 수집 과정은 각 정당의 당원명부가 공개되지 않아 모집단을 규정하기 힘든 상황에서 과학적 표집을 위한 최선의 방안이라고 생각된다.

본 연구의 구성은 다음과 같다. 다음 장에서는 서구 유럽 정당의 당원 가입 및 당원 유형의 분화에 관한 이론적 논의를 중심으로 당비납부에 관한 경험적 가설을 도출한다. 다음으로 한국 정당의 당원 규정 및 당비납부 현황을 중심으로 한국 정당의 당원 및 당비납부에 관한 특수성을 살펴본다. 다음으로 설문조사 자료를 활용하여 이론적 논의와 한국 정당의 특수성을 반영한 가설을 검증한다. 마지막으로 분석결과를 요약하고, 그 함의를 논의하고자 한다.

II. 당원의 분화와 당비

서구 사회, 특히 유럽 사회 내 정당의 당원에 관한 관심은 정당의 쇠퇴론(party decline thesis)과 함께 이루어졌다. 1960년대 이후 유럽 사회에서 당원의 전반적인 감소로 인해 대중정당으로 대표되는 전통적인 정당조직의 변화에 대한 연구가 활발하게 진행된 것이다. 키르크하이머(Krichheimer 1966)의 포괄정당론으로부터 시작하여 상대적으로 최근

카츠와 메이어(Katz and Mair 1995)의 카르텔 정당론에 이르기까지 정당 조직 발전에 관한 논의가 당원 감소라는 현상을 배경으로 이루어진 대표적인 연구라고 할 수 있다.

그러나 다른 한 편 후기 산업사회의 정당 쇠퇴에 관한 논의는 몇 가지 측면에서 과장되었을 가능성도 제시되었다. 예를 들어 달턴과 와텐버그(Dalton and Wattenberg 2000)는 정당의 쇠퇴에 대한 검증은 장시간에 걸친 정당의 변화를 분석할 필요가 있음에도 불구하고 대부분 단기적인 변화에 집중하고 있을 뿐 아니라 정당을 하나의 통합된 조직으로 간주하면서 정당이 수행하는 다양한 역할이 세분화되고 있다는 점을 고려하지 않고 있다고 지적한다. 또한 당원의 지속적인 감소현상과 관련해서도 정당이 주요 분석단위가 되지 않은 채 국가 단위의 집합적 수준의 변화를 통해 함의를 도출하는 생태학적 오류(ecological fallacy)를 유발한다는 주장이 제기되기도 하였다(Kölln 2016). 특히 스캐로우(Scarrow 2015)는 현대 사회의 기술력 발전은 정당의 당원에 대해 재해석이 필요함을 주장한다(Scarrow 2015: 28). 그녀에 따르면, 듀베르제(Duverger 1954)가 제시한 4가지 유형의 정당과 유권자의 관계는 더이상 유효하지 않다. 반면, 변화하는 사회 내에서 정당이 조직적 정당성(legitimacy)을 어디에서 찾느냐에 따라 당원의 역할이 다를 수 있으며, 당원 가운데에서도 정당 가입의 일정한 규정과 검증과정을 거치지 않고 정당과 느슨한 관계를 형성하는 이들이 등장하고 있음을 지적하고 있다.

결국 정당쇠퇴론의 등장과 함께 이루어지고 있는 정당의 변화에 관한 이와 같은 논의는 당원의 감소와 관련하여 두 가지 상이한 이해 방식을 제공한다. 정당조직의 변화에 초점을 맞춘 전자의 논의는 후기 산업사회가 촉발한 사회적 변화 속에서 감소하는 정당원을 주어진 현상으로 간주한

채, 정당조직의 변화를 이러한 변화에 대한 대응으로 이해한다. 그 과정에서 당원은 정당이 규정하는 일정한 절차를 통해 당에 가입하고 당비를 납부하는 공식적인 당원을 중심으로 논의가 이루어지는 경향이 강하다. 이와 대조적으로 당원의 역할에 대해 재해석을 제시하는 후자의 연구는 당원 감소 현상을 설명하기 위한 새로운 관점을 개발하고 있다. 이들은 공식적인 당원 이외에 다양한 방식으로 유권자가 정당과 관계를 형성할 수 있음을 보여 주고 있으며, 그를 통해 유럽 사회 내 정당들의 당원에 대한 개념화와 유형화를 발전시키고 있다. 이러한 인식에 근거할 때, 한국 사회에서 당비를 납부하는가의 여부에 따른 당원의 세분화와 각 집단의 특징을 분석하고자 하는 본 연구는 후자의 연구를 배경으로 한다.

당원의 역할을 재해석하고자 최근 논의는 정당의 당원으로 활동하는 이유에 대한 풍부한 논의를 제공한다. 특히 이러한 논의는 큰 틀에서 세 가지 이론적 측면으로 요약될 수 있을 것 같다. 첫째, 유권자를 동원하고자 하는 정당의 역할에 초점을 두는 논의다. 이는 정당이 선거경쟁과정에서의 정당의 필요성을 충족할 뿐 아니라 조직의 재원을 극대화하고(optimizing), 정당의 정당성(legitimacy)을 향상시키기 위해 당원을 충원하고자 하는 유인을 지닌다는 점에 초점을 맞춘다. 특히, 정당의 리더와 당직자들이 사회적 변화가 유발하는 경쟁 환경에 대처하기 위해 제공하는 다양한 유인(incentive)을 중시한다. 이에 따르면, 당원은 변화하는 선거 환경에 대응하는 정당 리더들의 수요(demand)에 의해 충원된다. 그리고 그 과정에서 당원이 될 것인가의 결정은 정당 리더가 당원에게 부여하는 권리와 이익이 작용한다는 것이다(Clark and Wilson 1961; Seyd and Whiteley 1992; Whiteley and Seyd 2002). 이렇게 정당이 개별 당원에게 제시하는 권리와 이익은 개별적이고 선별적인 유인이라고 할 수 있다. 또한 이와 같은 선별적 이득에는 개별 당원이 이를 추구하는 과정에서 느끼게 되는 심리적인 즐거움(fun)도 포함될 수 있다. 다만 최근의 연구들은 사회경제적 상황이 변화하면서 정당이 제공하는 물질적 이득 때문에 당원이 되는 유인이 감소하면서 정당이 제공하는 선별적 유인에 의해 당원이 되는 경향이 감소하고 있음을 보여 준다(van Haute and Gauja 2015).

둘째, 개별적 이익보다 정당이 대변하는 이념적 지향이나 정당의 성공과 같은 집합적 유인을 중시하는 관점이다. 후거와 쾰른(Hooghe and Köllin 2018)은 네덜란드 당원에 대한 연구를 통해 당원은 일반적인 정당 지지자와 달리 정당에 대한 충성도(loyalty)가 강하며, 정당이나 민주주의에 대한 만족도가 높다는 점을 보여 주고 있다. 또한 당원은 정당의 목적에 대한 확신(commitment)과 이를 달성하기 위한 지지의 안정성(stability) 측면에서도 일반 지지자들과는 구분된다고 주장한다. 이러한 논의는 정당의 당원으로 참여하는 유권자들이 개인적 이해관계보다는 정당을 통해 달성하고자 하는 지향을 지니며, 그러한 지향을 중심으로 정당과 밀접한 관계를 유지한다는 점을 함의한다. 유권자의 정당참여에 대한 세이드와 휘틀리(Seyd and Whiteley 1992)의 일반행위유인모형에서 역시 이와 같은 집합적 수준의 유인이 발견된다. 예를 들어, 이들은 유권자들이 정당에 참여하는 이유 가운데 정당에 가입하여 집단을 형성함으로써 원하는 결과를 얻을 수 있을 것이라는 집단효능감(group efficacy)임을 주장한다. 또한 정당에 참여함으로써 자신이 얻고자 하는 정책을 다른 사람에게 소개하거나 실제 성취할 수 있을 것이라는 집합적 결과(collective outcome)의 중요성도 강조한다. 플레티 외(Poletti et al. 2019)의 최근 연구는 이러한 집합적 유인의 영향력을 경험적인 측면에서 검증하였다.

마지막으로 산업과 기술발전에 따라 정당을 매개로 한 정치참여 이외의 정치참여를 위한 대안적 채널이 확대되고 있는 외적환경의 변화에 초점을 맞춘 논의이다. 이들은 유권자의 정당가입 및 활동이 부모, 대중매체, 학교, 자발적 사회결사체와 같은 사회적 환경의 영향력을 받는다는 점을 강조한다(Bruter and Harrison 2009; Cross and Young 2004). 이미 80년대 후반 파네비안코(Panebianco 1988: 266-267)는 유권자의 개인화 현상이라는 개념화를 통해 정당 이외의 다양한 사회단체 등을 통한 정치참여의 가능성을 제기한 바 있다. 최근 정보통신기술의 발달과 함께 이러한 정치참여의 다변화가 가속화하고 있을 뿐 아니라 소셜네트워크와 뉴미디어 등의 영향으로 그 영역이 더욱 넓어지고 있는 것이다.

특히 스캐로우(Scarrow 2015: 30-31)의 최근 연구는 이러한 변화가 새로운 유형의 당원의 등장과 밀접한 관련이 있음을 보이고 있다. 그녀가 제시한 다속도모형(multi-speed model)에 따르면, 최근 정당들은 유권자와 6가지 유형의 관계를 형성한다. 전통적인 당원(members), 가벼운 당원(light members), 사이버 회원(cyber-members), 관계 유지자(sustainers), 추종자(followers), 그리고 새로운 청중(new audience)의 유형이 이에 해당한다. 이 가운데 가벼운 당원은 전통적인 당원과 비교할 때, 당비의 부담이 적을 뿐 아니라 당원으로서의 혜택 역시 약한 경우이다. 이들은 정당의 친구이거나 동조자(sympathizer)에 해당한다. 사이버 회원은 정당의 홈페이지나 온라인 포털을 통해 당원으로 등록한다는 특징을 지닌다. 이들의 일부는 전통적인 당원 또는 가벼운 당원과 중첩되기도 하며, 주로 온라인을 통해 활동한다. 또한 관계유지자(sustainer)나 추종자(followers)들은 공식적인 당비를 납부하지 않지만, 물질적, 비물질적으로 일정한 기여를 제공한다. 이들은 정당과 개인적으로 접촉할 기회가 적을 뿐 아니라 당비를 내는 전통적인 당원과 상이한 행태를 보이는 것으로 간주된다. 마지막으로 새로운 청중(new audience)이라고 명명된 집단 역시 정당과 쌍방향의 소통을 진행하기보다는 정당으로부터 정보를 흡수하기만 하는 일방향의 관계를 맺는 집단으로 간주된다. 헤인(Hain, 2004: 16)의 연구는 이와 같은 정당과 유권자 간 새로운 유형의 관계를 부분적으로 경험적 연구를 통해 검증하고 있다. 그는 뉴미디어 기술의 발전에 따라 영국의 보수당과 노동당 모두 공식적인 당원이 아닌 지지자 모임 또는 친구와 같은 의미의 관계를 발전시키고 있다고 주장한다. 예를 들어 영국 노동당의 지지자모임(supportership)은 완전한 당원(full membership)이 되지 않고도 노동당에 대한 지지를 공식화한다는 것이다.

정당과 유권자가 맺는 관계에 대한 위와 같은 논의는 결국 최근 당원에 대한 규정을 단순히 당비를 내는 사람들에게 국한하기 어렵다는 점을 함의한다. 또한 정당과 유권자가 다양한 유형으로 관계를 맺으면서 당비를 납부할 것인가의 여부에도 영향을 미칠 것으로 예상해 볼 수 있다. 우선, 정당이 당원을 충원하기 위해 부여하는 선별적 유인에 초점을 맞출 경우, 실제 당원에 포함되는 유권자가 그와 같은 유인을 얼마나 달성했는지에 따라 당비를 지속적으로 납부할 것인지의 결정을 달리할 것으로 보인다. 물론, 정당의 당원 충원 유인에 초점을 맞추는 이론은 다른 두 설명방식과 달리 정당을 유지하기 위한 리더들의 관점에서 당원은 당비를 납부하는 당원에 국한될 수 있다. 그럼에도 불구하고, 영국노동당의 지지자모임과 같이 정당의 리더들이 새로운 유형의 당원을 허용하고 있는 상황을 고려하면 정당이 부여하는 선별적 유인의 성과에 따라 당원의 당비납부 여부가 결정될 것이라는 예상은 가능할 것으로 보인다. 본 연구에서는 이와 같은 선별적 유인과 관련하여 두 가지 유인에 초점을 맞춘다. 하나는 정당에 가입한 목적 가운데 당직 혹은 공직에 출마하기 위한 목적을 중시하는 수준이고, 다른 하나는 지지하는 사람을 당선시키기 위한 목적을 중시하는 수준이다. 이들과 관련된 가설은 다음과 같이 정리될 수 있다.

가설1(공직출마)
당원들을 비교할 때, 공직에 출마하려는 목적을 중요하게 간주할수록 당비를 내는 경향이 강할 것이다.

가설2(지지자 당선)
당원들을 비교할 때, 자신이 지지하는 사람을 당선시키고자 하는 목적을 중요하게 간주할수록 당비는 내는 경향이 강할 것이다.

다음으로 유권자의 집합적 유인에 초점을 맞춘 이론은 집합적 유인의 성취여부와 당비 납부여부 사이의 밀접한 연관성을 함의한다. 특히 이념정당의 성격이 강한 정당들의 경우 이념적 지향의 실현을 위해 당원의 기여가 필수적일 수 있다. 정당발전의 역사를 돌아볼 때, 좌파정당들이 우파정당들에 비해 당원의 당비를 중시했던 것이나(Heidenheimer 1963: 739), 정당에 대한 정부의 보조금 제도가 수립된 이후에도 좌파정당들이 당비를 내는 일정을 명확히 하거나 당비를 냈는지 여부를 엄격하게 규율했던 사실이(Scarrow 2015: 111) 이를 뒷받침한다. 정당에 참여함으로써 이념적 지향을 달성하고자 하는 유권자들일수록 정당의 당비에 대한 규정과 규율을 상대적으로 쉽게 수용했다고 볼 수 있는 것이다. 이와 같이 유권자가 정당에 가입하면서 고려하는 집합적 유인의 영향력을 검증하기 위해 두 가지 측면을 종합한 '정책영향력실현'이라는 종합변수(composite variable)를 활용하였다. 두 가지 측면 가운데 하나는 정당의 정책 실현이 당원이 되는 데 얼마나 중요한지에 대한 평가이고, 다른 하나는 정당의 영향력 실현이 당원이 되는 데 얼마나 중요한지에 대한 평가이다. '정책영향력실현' 변수는 이 두 평가의 평균값을 구한 것이다. 마지막 요인은 유권자와 정당 간의 이념적 선호의 거리다. 유권자가 정당과 이념적 거리가 가까울수록 정당을 통해 자신의 이념을 실현하고자 하는 유인이 강할 것으로 보이고 멀수록 그러한 유인이 떨어질 것을 예상해 볼 수 있을 것 같다.

가설3(정당의 정책영향력 실현)
당원들을 비교할 때, 정당에 가입함으로써 정당의 정책영향력을 실현하고자 하는 측면을 중요하게 생각할수록 그렇지 않은 이들에 비해 당비를 납부하는 경향이 강하다.

가설4(정당과의 이념적 거리)
당원들을 비교할 때, 정당과 당원 본인의 이념적 지향이 가까울수록 그렇지 않은 이들에 비해 당비를 납부하는 경향이 강하다.

마지막으로 스캐로우(Scarrow 2015)의 다속도모형에서 알 수 있듯이 기술발전에 따른 정당과 유권자의 관계 다변화는 전통적인 당원이나 가벼운 당원, 사이버회원 등에 비해 관계 유지자, 추종자, 새로운 청중의 형태로 정당과 관계를 맺는 유권자들이 당비를 내지 않을 가능성이 높다. 당비를 내고 공식적인 당원으로써 활동하지는 않지만 유권자 스스로 정당과 밀접한 관계를 형성하고 있다는 인식을 지니고 소속 정당을 위한 활동을 전개할 수 있는 것이다. 또한 당원의 새로운 유형의 등장이 정치참여를 위한 사회 내 대안적 채널의 존재에 있다는 점을 고려할 때 소셜미디어의 활용이나 사회단체에의 참여를 활발히 전개하는 유형의 당원과 그렇지 않은 당원을 구분해 볼 수 있을 것이다. 그리고 이러한 대안적 채널을 통해 정치참여를 활발히 전개하는 당원일수록 그렇지 않은 당원에 비해 당비를 납부함으로써 얻게되는 공식적인 당원의 지위에 대해 크게 중요하게 생각하지 않을 가능성이 높다. 이러한 이론적 논의를 검증하기 위해 본 연구에서는 소셜미디어 활동의 빈도와 8개의 사회단체를 대상으로 회원으로 참여한지가 있는지와 단체에 참여빈도에 대한 평균값을 구한 변수를 활용하였다.

가설5(소셜미디어)

당원들을 비교할 때, 소셜미디어를 통해 의사표시를 자주하는 방식의 참여행태를 보일수록 그렇지 않은 당원에 비해 당비를 납부하는 경향이 약할 것이다.

가설6(사회단체)

당원들을 비교할 때, 사회단체에 소속될 뿐 아니라 적극적으로 참여하는 행태를 보일수록 그렇지 않은 당원에 비해 당비를 납부하는 경향이 약할 것이다.

그러면, 소속 정당에 대한 당비 납부 여부에 관한 이와 같은 다양한 이론적 논의 가운데 한국 유권자들의 당비 납부 여부를 설명하기에 적합한 이론은 무엇인가? 아래에서는 상대적으로 어떤 이론이 한국 유권자들의 당비 납부 여부를 더욱 잘 설명하는지를 경험적으로 검토해 보고자 한다. 그 전에 우선 한국정당들의 당원에 대한 규정의 특징과 당비 납부에 관한 규정들을 살펴보도록 하겠다.

III. 한국 정당의 당원과 당비

한국 정당들은 당헌 또는 당규에 당원의 자격, 유형 및 권리등을 구분하고 있다. 우선, 당원의 자격 요건과 관련해서 한국의 주요 5개 정당은 공통적으로 두 가지 측면의 요건을 만족시키는 이는 누구든 당원이 될 수 있음을 규정하고 있다. 하나는 법령에 의해 정당의 당원이 될 자격이 있는 사람이라는 것이고, 다른 하나는 당의 강령과 기본정책에 뜻을 같이하는 사람이다. 이는 정당의 당원이 될 수 있는 자격의 일부를 국가가 법령에 의해 규율[2]하고 있는 반면, 정당이 강령과 정책을 통해 구성원 간의 내적 일관성을 유지하려고 한다는 점을 의미한다.

그런데 이와 같은 한국 정당의 당원에 대한 규정은 당비 납부의 측면에서 정당민주주의의 전통을 지닌 유럽식 규정과는 상이하다. 유럽 정당의 당원에 관한 논의는 당비를 납부하는 공식적인 당원(formal party membership)을 중심으로 당원과 그렇지 않은 유권자를 구분하는데(van Biezen et al. 2012; Scarrow 2000) 반해, 한국 정당의 당헌 및 당규는 당비를 납부하는 당원뿐만 아니라 당비를 납부하지 않는 당원에 대한 공식적인 규정을 포함한다.

더불어민주당은 당헌 제5조 제1항에 당비납부 여부에 따라 일반당원과 권리당원을 구분하고 있으며, 권리당원 가운데 일정 기간 계속해서 당

2. 정당법 제22조를 통해 당원의 자격이 규정되고 있다.

적을 보유하고 있고 당비체납이 없는 당원을 백년당원이라는 범주로 따로 규정하고 있다. 자유한국당은 당헌 제5조에 책임당원을 따로 규정하고 있다. 또한 당원규정에 관한 당규 제2조에 책임당원은 당비규정이 정한 당비를 권리행사 시점에서 1년 중 3개월 이상 납부하고 연 1회 이상 당에서 실시하는 교육 또는 행사에 참석한 당원이라고 구체적인 조건을 제시하고 있다. 바른미래당 역시 당비를 납부한 당원을 책임당원으로 규정하고 있으며, 책임당원이 되기 위한 조건 역시 자유한국당과 유사하다. 반면, 민주평화당과 정의당은 당비납부 여부에 따라 당원의 유형을 따로 구분하지 않는다.

당비납부 여부에 따라 당원의 유형을 구분하고 있는 정당들은 그에 따라 당원의 권리에 차이를 두고 있다. 일반적으로 당내의사결정이나 교육 및 토론요구 등의 권한 등에서 권리당원이나 책임당원에게 상대적으로 강한 권한이 부여된다. 특히 더불어민주당과 자유한국당은 선거에 입후보할 수 있는 피선거권 및 공직후보자로 추천받을 수 있는 권리를 각각 권리당원과 책임당원에게만 부여하고 있다.[3] 상대적으로 바른미래당은 책임당원에 대한 규정이 있으나 이러한 권리를 책임당원에게만 제한하고 있지는 않다. 예외적으로 당비규정 제14조에 피선거권과 관련하여 당비납부 당원을 우대한다는 규정만을 두고 있다. 바른미래당이 당비납부 여부에 따라 당원의 유형을 구분하고 있음에도 불구하고 피선거권과 같은 중요한 권리를 당원 유형별로 차별화하지 않는 이유는 명확하지 않다. 아마도 정당의 세력 확장을 위해 일부 권리를 당비납부 여부와 상관없이 최대한 보장해야 할 필요성이 강했을 수 있다. 또는 선거 때마다 대중성 있

3. 더불어민주당 당규 제2호 제5조. 자유한국당 당헌 제2장 제6조.

는 외부 인사 영입을 통해 공천을 주는 경향이 강했던 전통을 고려할 때, 당비 납부 여부에 따른 피선거권의 제한 규정이 이러한 공천관행의 장애가 될 수 있기 때문일 수도 있다. 민주평화당은 당비납부에 따른 당원 유형을 구분하지 않고 있음에도 불구하고 당규 제3호 제14조에 당비납부 당원을 당직과 공직선거후보자 추천에서 배려한다는 규정을 마련하고 있다. 이는 상대적으로 당원의 회비가 주요 재원이 될 수밖에 없는 신생정당의 입장을 보여 주는 것이라 할 수 있겠다.

한편, 위와 같은 당비납부에 따른 당원의 차별화에도 불구하고 한국 정당들이 설정하고 있는 당비는 유럽 정당들과 비교할 때 상대적으로 낮은 수준이다. 정의당을 제외한 나머지 4당은 모두 월 기준 1,000원 이상의 당비를 규정하고 있다. 영국의 노동당이 일년 기준으로 46.56파운드, 보수당이 25파운드의 당비를 규정하는 것과 비교할 때, 당원으로의 진입장벽이 매우 낮다는 것을 의미한다. 다만, 정의당의 경우 다른 정당의 10배에 해당하는 월10,000원의 당비를 규정하고 있기 때문에 영국의 정당보다 높은 수준의 당비를 설정하고 있다. 반면, 영국의 정당들은 최근 새로운 유형의 당원규정을 통해 당비를 차별적으로 적용하고 있다. 예를 들어 영국의 노동당은 2010년 '등록지지자(registered supporter)'라는 명칭의 당원의 지위를 창설하고 년 3파운드의 회비를 부과하였다(Audickas et al. 2018). 그리고 이들의 권리는 당 대표 등을 포함한 몇몇 선출직 선거에서 투표할 수 있는 권리에 제한하였다. 이들의 당비는 2016년 8월 이후 25파운드로 상승하였으나 일반당원에 비해 여전히 절반 수준의 당비를 유지하고 있다. 아직까지 한국의 정당들은 당비의 수준 및 권리의 측면에서 이와 같은 새로운 유형의 당원과 기능적 등가성(functional equivalence)을 지닌 당원 유형을 규정하고 있지 않다.

결국, 위와 같은 당원과 당비납부에 대한 한국정당들의 규정은 정당별로 당비납부의 유인이 달라질 수 있음을 함의한다. 특히 두 개의 범주로 주요 5개 정당을 구분해 볼 수 있을 것 같다. 하나는 더불어민주당, 자유한국당, 정의당을 포함하는 범주다. 이들은 당비를 납부하는지의 여부에 따라 당원에게 부여하는 권리가 상이하다. 또한 정의당과 같이 이념지향이 강한 정당의 경우 당비를 납부하면서 달성하고자 하는 집합적 유인이 작동할 가능성이 높다. 반면, 또 하나의 범주를 형성하는 바른미래당과 민주평화당의 경우 당원의 유형 구분여부와 상관없이 당비납부에 따른 권리의 차별성이 약하고, 신생정당이라는 측면에서 당원으로써 달성하고자 하는 집합적 유인이 일정한 목표로 수렴했을 가능성도 낮은 것으로 보인다. 이러한 논의를 바탕으로 한국정당의 당원들의 당비납부여부에 대한 다음과 같은 추가적인 가설의 검증이 필요할 것으로 보인다.

가설7(정당별 차이)
한국 정당의 당원들을 비교할 때, 더불어민주당, 자유한국당 및 정의당 소속 당원들은 나머지 두 정당의 당원들에 비해 당비를 내는 경향이 강할 것이다.

위와 같은 가설을 설문조사 자료를 활용하여 엄밀하게 검증하기에 앞서 중앙선거관리위원회에서 매년 발행하는 '정당의 활동개황 및 회계보고'의 2017년도 자료[4]를 중심으로 각 정당이 보고하는 자료에 기초한 당

4. 다음의 웹페이지 참조 http://www.nec.go.kr/portal/bbs/view/B0000338/39055.do?menuNo= 200185&searchYear=&searchMonth=&searchWrd=&searchCnd=&viewType=&pageIndex=2&section=&searchOption1= (검색일시: 2019년 4월 1일)

원의 당비납부 현황을 살펴볼 수 있을 것 같다. 자료에 따르면, 우선 5개 주요 정당의 년 운영비에서 당비가 차지하는 평균적 비율은 9.3% 정도에 지나지 않는 것으로 나타난다.[5] 이는 유럽의 주요 국가들의 당운영비에서 당비가 차지하는 평균이 18~31% 정도의 수준에 이르고 있는 것과 비교할 때 상대적으로 낮은 수준이다(Scarrow et al. 2017: 89). 아마도 이와 같이 당운영비에서 차지하는 낮은 수준의 당원의 당비 비율은 실제 당비를 납부하는 당원수가 매우 낮다는 점 때문에 기인하는 것 같다. 〈표 1〉에 따르면 바른정당과 정의당을 제외한 나머지 3개 정당은 당비를 납부하는 당원수가 전체 당원수의 25%에도 미치지 못하고 있다. 특히 주요 2개 정당인 더불어민주당과 자유한국당은 당비를 납부하는 당원의 비율이 각각 23.4%와 10.4%에 머무르고 있다. 더불어민주당이 그나마 당비를 납부하는 당원 비율이 평균이상이라는 점은 위의 가설을 지지할 가능성을 높인다고 보인다.

반면, 자유한국당 당원의 당비 납부 비율이 가장 저조하다는 점은 예상 외의 결과이다. 아마도 비교적 최근인 2017년 2월 새누리당에서 자유한국당으로 당명을 개정하는 조직적 변화가 있었을 뿐 아니라 집권여당의 지위를 상실하면서 당원들이 고려하는 집합적 유인이 축소된 측면에 원인이 있을 것 같다. 특히, 새누리당 시절 당원들에게 보장했던 선별적 유인이 자유한국당으로 당명을 개편하면서 크게 변하지 않았다는 점에서 상대적으로 집합적 유인에 대한 당원의 고려가 약해졌을 가능성이 높은 것이다.

한편, 〈표 1〉의 결과는 정당이 자발적으로 중앙선관위에 보고하는 당원

5. 2017년 정당의 활동계황 및 회계보고 p.572

〈표 1〉 한국정당의 당원과 당비

정당명	중앙선관위			설문조사	
	당원수	당원점유 비율	당비 납부 비율	당원점유 비율	당비 납부 비율
더불어민주당	3,568,111	49.6	23.4	66.0	68.4
자유한국당	3,227,708	44.9	10.4	19.6	55.5
국민의당	285,023	4.0	15.6	8.8	59.8
바른정당	67,053	0.9	44.3	8.8	59.8
정의당	40,362	0.6	63.6	5.6	83.8
합계	7,188,257	100.0	17.7	100.0	68.6

참고: 중앙선관위자료는 2017년 '정당의 활동개황 및 회계보고'를 활용하였다. 설문조사는 국민의당과 바른정당의 합당 이후인 2019년 자료라는 점에서 이들 두 정당의 당비를 납부하는 당원비율은 제시되지 않고 있다. 따라서 바른미래당과 민주평화당 소속 당원의 당비납비 비율을 공통적으로 제시하고 있다.

의 당비 납부 현황과 설문조사를 통해 드러난 당비납부 현황과는 상당한 차이가 있음을 보여 준다. 평균적으로 실제 18% 수준의 당원이 당비를 납부한 것으로 알려진 반면, 설문조사 응답자의 69% 정도가 당비를 납부하고 있다고 응답한 것이다. 설문조사가 바른정당과 국민의당이 통합된 이후에 이루어졌다는 점에서 이들 두 정당에 대한 자료를 무시하더라도, 더불어민주당과 자유한국당의 당비 납부 비율을 상당히 과다대표되고 있는 것으로 보인다. 다만, 당비납부 비율의 순위를 고려할 때, 정의당, 더불어민주당, 자유한국당 순으로 높은 납부 비율을 보이고 것은 그나마 중앙선관위 자료와 일관된다고 하겠다. 아래에서는 이와 같이 설문조사의 편향을 염두에 두고 당비납부 여부에 관한 가설들을 검증하도록 하겠다.

Ⅳ. 한국 정당원의 당비납부 요인 분석

1. 자료와 변수

한국 정당원들의 당비 납부 요인을 분석하기 위하여 본 연구는 한국 정당원들의 인식조사를 위해 기획된 설문조사 자료를 활용한다. 해당 설문조사는 명지대 한국사회과학연구팀(SSK)에서 당원인식조사를 위해 기획되었으며 한국리서치를 통해 조사되었다.[6] 설문조사는 첫 단계에서 일반 유권자 24만 명을 대상으로 무작위 표집(random sampling)이 이루어졌으며, 두 번째 단계에서 이들 가운데 당원이라고 응답한 1,237명에 대해 이루어졌다. 본 연구는 당원이라고 응답한 1,237명을 대상으로 당비납부 여부를 분석한 것이다.

본 연구의 주요 종속변수는 당비납부 여부에 관한 이항변수(binary variable)이다. 주요 독립변수는 본문에서 제시한 세 가지 이론적 시각에서 도출한 6개의 가설과 한국정당의 특수성을 반영한 1개의 가설과 관련된다. 우선 당원 개인의 선별적 유인이 당비납부여부에 미치는 영향력을 검증하기 위해 당원 개인의 공직출마와 자신이 지지하는 사람의 당선을 얼마나 중요하게 생각하는지에 관한 변수를 활용하였다. 두 변수는 '매우 중요하다'는 응답부터 '전혀중요하지않다'는 응답까지 4점척도로 측정되었다.

6. 설문조사는 2019년 2월 1일부터 2월15일까지 15일간에 걸쳐 전국 만19세 이상 성인남녀를 대상으로 비례할당 무작위 추출 방식을 활용하여 이루어졌다. 조사방식은 컴퓨터를 활용한 웹조사(CAWI)방식을 택했으며, 총24만명을 대상으로 조사 요청이 이루어졌으며, 그 가운데 정당원의 표본 1,294명에 대한 정보를 수집하였다. 95% 신뢰수준을 가정할 때 최대허용 표집오차는 ±0.6% 포인트였으며, 정당원만을 기준으로 할 경우 ±2.7% 포인트였다.

당원들의 집합적 유인에 초점을 둔 두 번째 변수군은 정당의 정책의 실현과 지지정당의 영향력 강화를 얼마나 중요하게 생각하는지에 대한 인식을 종합한 종합변수와 당원 개인과 소속정당과의 이념적 거리를 측정한 변수이다. 종합변수는 정책실현과 영향력 강화 각각에 대해 4점척도로 이루어진 중요성의 평가를 평균한 연속변수에 해당한다. 당원 개인과 소속정당과의 이념적 거리에 관한 변수는 매우 진보적인 성향을 대표하는 0점부터 매우 보수적인 성향을 대표하는 10점 척도를 중심으로 당원 개인의 자기규정적(self-placement) 이념성향과 당원이 평가하는 소속정당의 이념성향 사이의 차를 절대값으로 표현하였다. 절대값을 활용한 배경에는 이념적 지향의 방향성보다는 근접성에 기초하여 소속정당의 이념적 지향을 실현하고자 하는 인식을 지닐 것이라는 가정이 놓여있다.

스캐로우(Scarrow 2015)의 다속도모형을 통해 제기되는 정당 이외의 정치참여 채널의 다변화에 따른 당원 유형의 차별성이 지닌 영향력을 검증하기 위해서는 두 가지 변수를 활용하였다. 하나는 당원이 소셜미디어를 활용하는 빈도이며, 다른 하나는 당원이 8개의 상이한 사회단체의 회원이거나 또는 참여하는 빈도이다. 소셜미디어를 활용하는 빈도에 대한 측정은 '선생님께서는 인터넷 또는 SNS, 카카오톡, 밴드 등을 통해 얼마나 자주 정치관련 글이나 댓글을 작성하는 등의 의사표현을 하십니까?'라는 질문과 그에 대한 '자주한다'부터 '전혀하지 않는다'까지의 4점 척도로 이루어진 응답을 활용하였다. 가설5에 따르면 이와 같은 소셜미디어 활동을 전혀하지 않을수록 당비를 내는 경향이 증가할 것으로 예상된다. 또한 사회단체의 회원으로 활동하는 것이 정당을 통한 정치참여의 대안으로 기능하고, 그에 따라 사회단체에 대한 활동이 활발한 당원일수록 당비를 납부하지 않을 가능성을 검증하기 위해 8개의 사회단체에 대한 소속과 활동 강도를 평균하였다. 8개의 사회단체로는 노동조합, 종교단체, 동호회, 시민단체, 지역사회 공공모임, 동창회, 자원봉사 단체, 사회적 경제조직을 포함하였다. 이들 각각에 대해 '소속되어 있으며 적극적으로 참여한다'는 응답부터 '소속된 적이 없다'는 응답까지 6점 척도로 측정된 활동 강도를 평균한 종합변수를 모형에 포함하였다. 마지막으로 고려한 독립변수는 주요 5개 한국정당들의 조직적 특성에 주목한 가변수(dummy variable)이다. 특히 더불어민주당, 자유한국당, 정의당의 당원인 경우 나머지 두 정당에 비해 당비를 내는 경향이 나타나는지를 살펴보기 위해 바른미래당 당원을 비교기준(baseline)으로 삼았다.

위와 같은 독립변수 이외에 본 연구는 당원의 연령, 성별, 소득과 이념 및 거주지역 등 인구사회학적 속성과 함께 자발적으로 당원이 되었는지 아니면 주변의 권유를 통해 당원이 되었는지의 당원가입 배경을 통제하였다. 자발적 당원가입과 주변 권유를 통한 당원 가입 사이에 자발적으로 당원에 가입한 경우 일반적으로 당비를 내는 경향이 강할 것으로 예상하고 있다. 자발적 당원가입여부는 가변수로 측정되었다.

2. 분석결과

우선 당비납부 여부와 관련하여 당원들의 인구사회학적 성향을 측정한 개별변수들과의 관계를 살펴보면 연령과 이념성향을 제외하고는 특별한 경향성이 관찰되지 않는다. 〈그림1〉에서 보이듯이 전연령대에 걸쳐 당비를 납부하는 비율이 50%를 넘어서는 것으로 드러난다. 또한 상대적으로 20대와 30대가 당비를 내는 비율이 높은데 반해 50대와 60대의 비율이 낮다. 이와 같은 연령별 차이는 통계학적으로도 유의미한 결과로 나타났

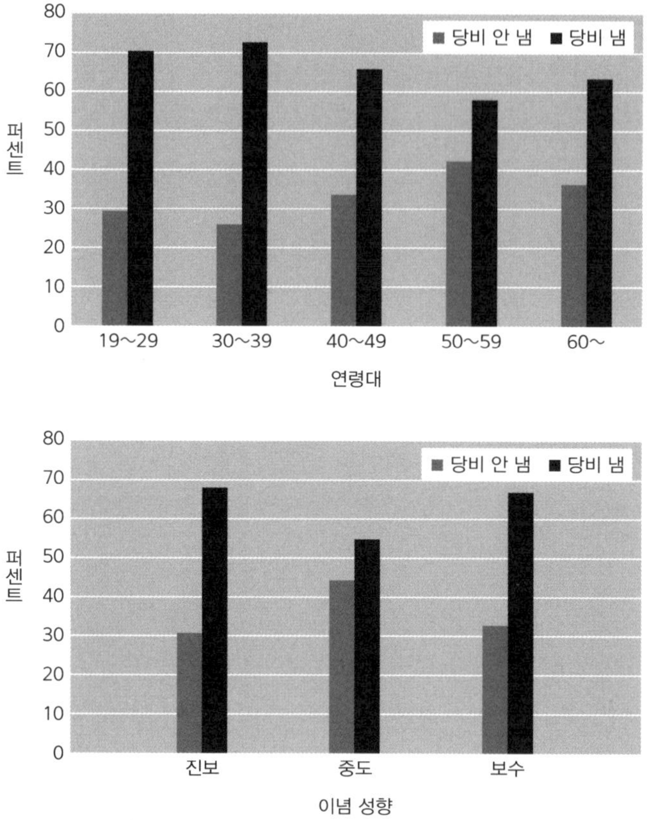

〈그림 1〉 연령별, 이념성향별 당비납부 여부

다. 이념성향 역시 진보와 보수할 것 없이 60% 이상의 비율이 당비를 내고 있음을 보여 준다. 다만 중도성향의 당원이 상대적으로 당비를 내는 비율이 낮고 이와 같은 이념성향별 차이 역시 통계학적으로 유의미하였다. 이러한 차이에 비해 당원들의 소득수준, 거주지역, 성별은 당비납부 여부와 유의미한 연관성을 지니지 않은 것으로 나타났다.

반면, 정당에 자발적으로 가입했는지의 여부와 당비를 납부할 것인가의 문제는 매우 밀접한 관련을 지니는 것으로 나타났다. 자발적으로 정당에 가입한 비율은 60.5%였으며 이들 가운데 73%는 당비를 납부하는 것으로 나타났다. 반면, 주변의 권유를 통해 당에 가입한 당원의 비율은 39.5%였으며 이들 가운데 54%만이 당비를 납부하고 있었다. 다시 말해 자발적으로 정당에 가입한 당원은 27%만이 당비를 내지 않은 반면, 주변의 권유를 통해 당에 가입한 당원은 46%가 당비를 내지 않고 있었다. 이러한 차이는 유의수준 0.05 아래서 통계학적으로 유의미한 차이에 해당하였다.

그러나 흥미롭게도 당직이나 공식에 출마하기 위한 선별적 유인 때문에 당원이 된 사람들이 그렇지 않은 이들에 비해 당비를 납부하는 경향이 강한 것은 아닌 것으로 관찰되었다. 당원들의 선별적 유인에 따른 당비 납부여부에 대해 교차분석을 시도한 결과, 이 두 변수 사이에 통계학적으로 유의미한 결과가 발견되지 않았다. 단지 지지하는 사람을 당선시키기 위한 유인만이 당비 납부여부와 유의미한 연관성을 지니고 있었다. 이러한 결과는 정당의 정책을 실현하거나 영향력을 강화하기 위한 집합적 유인 때문에 당원이 된 사람들은 그렇지 않은 이들에 비해 당비를 납부하는 경향이 강하다는 사실을 고려하면서 해석할 필요가 있을 것 같다. 왜냐하면 집합적 유인에 해당하는 두 변수와 당비납부 여부 사이에는 강한 연관성이 관찰되었기 때문이다. 이러한 교차분석 결과는 당원들 가운데 본인이 직접 출마하는 것 보다는 타인 또는 정당을 위해 기여하려는 유인이 당비 납부와 유의미한 관계를 형성한다는 것을 함의하는 것 같다. 이는 다시 자신의 당직이나 출마는 주변의 권유와 관련이 깊고, 타인이나 정당의 성공은 이를 위해 자발적으로 봉사하려는 본인의 의사가 강할 것으로 생각된다는 점에서 자발적 가입여부와 당비납부 여부 사이의 강한 상관성에 부합하는 결과로 보인다.

마지막으로 소셜미디어를 활용하는 강도나 사회단체에 참여하고 활동하는 것이 정당활동과 어떤 관계를 지니는지를 살펴본 결과 역시 이론적 예측과는 상이한 결과를 보여 준다. 교차분석을 시행한 결과는 소셜미디어를 통해 의사표현을 자주할수록 오히려 당비를 내는 경향이 강하였다. 반면, 사회단체에 참여하는 강도와 당비납부 여부와는 유의미한 연관성이 관찰되지 않았다. 이러한 결과는 오히려 정당이나 정치활동에 관심이 많은 이들이 소셜미디어를 통해서도 정치적 의사표현을 자주하는 반면, 정당에 대한 관심과 시민단체를 통한 정치참여는 상대적으로 연결고리가 약하다는 점을 의미하는 것으로 보인다. 그러면, 이와 같은 당비납부여부와 개별변수들과의 관계는 주요변수 간 영향력 및 기타 통제변수의 영향력을 통제한 다변량분석(multi-variate analysis)을 통해서도 유지될 것인가? 이에 답하기 위해 본 연구는 다섯 가지 상이한 로지스틱 모형을 분석해 보았다.

〈표 2〉의 결과는 한국 정당의 당원들이 당비를 납부하거나 이유를 규명하기 위해 당비 납부여부를 이항변수로 한 로지스틱 통계모형 분석을 시도한 결과이다. 분석 결과는 당원들의 인구사회학적 변수와 자발적 당원 가입여부를 포함한 기본모형부터, 개인유인모형, 집합유인모형, 참여다변화 모형, 그리고 통합모형까지 5가지 모형에 대한 결과를 보여 준다.

우선 인구사회학적 요인은 5개 모형 전체에 걸쳐 당비납부여부에 관한 당원별 상이한 행태에 유의미한 영향력을 지니지 않는다는 점을 보여 준다. 다만, 연령만이 참여다변화 모형과 통합모형에서 유의수준 0.1을 기준으로 통계학적 유의미성을 지닌다. 특히 음(−)의 회귀계수는 연령이 많아질수록 당비를 납부하지 않는 경향을 의미한다. 이는 세대별로 50대와 60대가 상대적으로 20대와 30대에 비해 당비를 납부하지 않는 비율이 높

〈표 2〉 당비납부 여부에 관한 로지스틱 회귀분석

	기본모형	개인유인모형	집합유인모형	참여다변화 모형	통합모형
	회귀계수 (오차)	회귀계수 (오차)	회귀계수 (오차)	회귀계수 (오차)	회귀계수 (오차)
연령	−0.01(0.01)	−0.01(0.01)	−0.01(0.01)	−0.01(0.01)*	−0.01(0.01)*
성별	0.05(0.13)	0.06(0.13)	0.10(0.13)	0.00(0.13)	0.04(0.13)
소득	−0.01(0.04)	−0.02(0.04)	−0.02(0.04)	−0.02(0.04)	−0.03(0.04)
이념	0.04(0.09)	0.05(0.09)	0.08(0.09)	0.04(0.09)	0.07(0.09)
자발적가입	0.74(0.13)**	0.70(0.14)**	0.61(0.14)**	0.70(0.14)**	0.57(0.14)**
정당일체감소유	0.82(0.26)**	0.78(0.26)**	0.67(0.27)**	0.65(0.27)**	0.54(0.27)**
당원생활 년수	−0.03(0.01)**	−0.03(0.01)**	−0.03(0.01)**	−0.03(0.01)**	−0.04(0.01)**
더불어민주당	−0.11(0.22)	−0.15(0.22)	−0.10(0.22)	−0.05(0.22)	−0.05(0.23)
자유한국당	−0.32(0.26)	−0.33(0.26)	−0.30(0.26)	−0.30(0.26)	−0.29(0.26)
정의당	0.58(0.32)*	0.58(0.31)*	0.62(0.31)**	0.60(0.31)*	0.63(0.32)**
〈개인유인〉					
공직출마		−0.01(0.07)			0.07(0.08)
지지자 당선		−0.13(0.07)*			−0.01(0.09)
〈집합유인〉					
정책영향력 실현			−0.23(0.08)**		−0.19(0.10)*
이념거리			−0.07(0.04)*		−0.07(0.04)**
〈참여다변화〉					
소셜미디어				−0.16(0.08)**	−0.14(0.08)*
사회단체				−0.13(0.06)**	−0.15(0.06)**
거주지역변수들	(−)	(−)	(−)	(−)	(−)
상수	0.14(0.47)	0.55(0.56)	0.88(0.52)*	1.56(0.62)**	1.98(0.67)**
분석개체수	1,237	1,237	1,237	1,237	1,237
로그우도	−776.8	−775.0	−770.5	−770.4	−764.8

주: * $p<0.1$, ** $p<0.05$

았던 결과에 부합한다. 다음으로 또 다른 통제변수인 자발적 당원가입여부는 모든 모형에 걸쳐 정당에 자발적으로 가입했을수록 당비를 납부하는 경향이 강하다는 사실을 보여 준다.

정당과 관련된 요인의 영향력의 경우 특정 정당에 정당일체감을 지닌 유권자가 그렇지 않은 유권자에 비해 당비를 납부하는 경향이 보이고, 정당의 당원이 된 역사가 길수록 당비를 납부하지 않은 경향이 관찰된다. 당원을 오래한 경우 당비를 내지 않은 경향은 예상치 못한 결과이지만 이러한 결과는 아마도 6년 이상 당원의 경력을 지닌 이들이 15%에 달하고 있다는 사실 때문에 기인한 것으로 보인다. 사실 설문조사의 시점에서 6년 이상 존속한 정당은 하나도 없다. 정의당이 2013년 7월 당명을 개편한 이후 가장 오래 존속한 정당이다. 따라서 6년 이상의 당원 경력을 지닌 이들은 정당의 명칭 변경 등 다양한 정당조직의 혼란을 거치면서 당원을 유지하고 있다는 점에서 당비를 내는 경향이 강화될 수 있는 반면, 당원의 지위만을 유지한 채 물질적인 기여가 적은 당원일 가능성도 높다. 〈표 2〉의 결과는 후자의 논리를 지지하는 것으로 보인다.

또한 〈표 2〉의 결과는 정의당의 당원인 경우에 한해서만 바른미래당 등 여타의 당원들에 비해 상대적으로 당비를 납부하는 경향을 보여 준다. 그 반면, 더불어민주당과 자유한국당과 같이 권리당원 및 책임당원을 일반 당원과 구분하고 그에 따라 차등적인 권리를 부여하고 있음에도 불구하고 그러한 제도적 규정이 당비 납부에 긍정적인 효과로 나타나지 않고 있음을 의미한다. 따라서 한국정당의 특성을 고려할 때 정당의 이념적 지향이 강한 경우 상대적으로 당비 납부에 유의미한 영향을 미치는 것으로 보인다.

이와 같은 한국 정당의 특성은 당원 개인에게 부여되는 선별적 유인이 당비납부여부에 유의미한 영향력을 미치는 못하고 있다는 사실과 일관된다고 할 수 있다. 당원이 되는 이유 가운데 공직출마나 지지자 당선을 중요하게 고려한 당원일수록 당비를 납부하는 경향이 강할 것이라는 가설1과 가설2가 지지되지 않는다는 점이 이를 뒷받침한다. 공직출마라는 선별적 유인은 당비납부에 유의미한 영향력을 보이지 않을 뿐 아니라 지지자 당선을 중요하게 생각할수록 당비를 납부하는 경향은 개인유인모형에서는 통계학적으로 유의미한지만 다른 변수들의 영향력을 통제한 통합모형에서는 그러한 유의미성이 사라지고 있는 것이다.

한편, 한국 정당의 당원들의 당비납부는 오히려 집합적 유인에 따라 달라지는 경향이 뚜렷하다. 설문조사의 측정방식 상 정당의 정책영향력 실현이라는 변수는 수치가 커질수록 정책영향력 실현을 당원으로 가입하는데 중요하게 생각하지 않았다는 것을 의미한다. 따라서 해당변수의 음(−)의 회귀계수는 정당의 정책 실현이나 영향력 강화를 당원으로 가입하는데 중요하게 생각했다고 응답한 당원일수록 당비를 내는 경향이 강하다는 것을 의미한다. 이와 같은 집합적 유인의 영향력은 정당과 당원의 이념적 거리에서도 관찰된다. 소속정당과 당원의 이념적 거리가 커질수록 당원은 정당을 통해 이념적 지향을 실현하기 위해 당원이 되었다고 보기 힘들다. 따라서 이념거리 변수의 음(−)의 회귀계수는 소속정당과 당원의 이념적 거리가 커질수록 당비를 내지 않는 경향이 있음을 의미한다. 다시 말해 소속정당과 당원의 이념적 거리가 가까울수록 당비를 내는 경향이 강하다는 것이다. 당원의 집합적 유인을 중심으로 한 가설3과 가설4 모두 지지되고 있는 것이다.

마지막으로 정당을 매개로 한 정치참여 이외의 정치참여 기회가 열리면서 당원의 유형화가 이루어지고 그에 따라 당비납부여부도 달라질 것이라는 가설5와 가설6과 관련된 변수를 살펴보자. 소셜미디어 변수는 소셜미디어에 자주 의견을 표현할수록 수치가 낮게 측정되어 있다. 따라서 소셜미디어 변수의 음(−)의 계수는 소셜미디어 의견을 거의 표현하지 않을수록 당비를 내지 않는 경향이 강하다는 점을 의미한다. 다시 말해 소셜미디어에 의견을 자주 표현할수록 당비를 내는 경향이 강한 것이다. 이는 소셜미디어를 통해 정치참여에 적극적일수록 당비를 내는 경향이 강하다는 것을 의미한다. 이와 같이 정당 이외의 정치참여 기회를 활용하는 태도가 오히려 정당의 참여에도 당비를 내는 적극적인 유형의 참여로 귀결되는 현상은 사회단체 참여에 대한 경우에도 유사하다. 사회단체 변수 역시 수치가 커질수록 사회단체에 소속되지 않을 뿐 아니라 참여하지 않는다는 의미를 지니기 때문에 사회단체 변수가 지닌 음(−)의 회귀계수는 사회단체에 소속되지 않거나 참여하지 않을수록 당비를 내지 않는 경향이 있음을 보여 준다. 다시 말해 사회단체 활동을 적극적으로 할수록 정당에서 역시 당비를 내는 적극적인 활동을 한다는 것을 함의한다. 이와 같은 결과는 스캐로우(Scarrow 2015)의 주장과 같이 서구 사회에서 정당을 매개로 한 정치참여 이외의 정치참여 기회가 주어지면서 당원의 유형이 분화되고 있는 현상이 한국 사회에서는 뚜렷이 관찰되지는 않는다는 점을 함의한다. 또한 한국 사회 내에서는 정당을 매개로 하지 않는 정치참여 기회 역시 정당을 통한 정치참여에 적극적인 사람들이 추가적, 보완적으로 활용하는 기회로 인식하는 경향이 강하다는 해석이 가능한 부분이다.

결국 〈표 2〉의 결과에 따르면, 한국 정당원들이 당비를 내는 여부는 상대적으로 당원들이 느끼는 집합적 유인과 정당 이외의 정치 참여 기회의 영향이 강하다고 할 수 있다. 로그우도 값을 통해 모형 간 설명력을 비교하는 경우에도 기본모형에 비해 집합유인모형과 참여다변화모형이 당비납부 여부의 변이에 대한 설명력을 현저히 높이고 있음을 알 수 있다. 그럼에도 불구하고, 참여다변화모형의 중요 변수들이 당비납부여부에 영향을 미치는 방향성은 이론적 예측과는 상반된다. 사실 이와 같이 예측과 다른 결과가 나타난 명확한 이유는 후속연구를 통해 더욱 엄밀한 분석이 필요할 것 같다. 다만 위에서 설명했듯이 한국 사회의 정치참여는 정치참여 기회의 다변화의 영향보다는 정당에 당비를 납부할 수준의 적극적인 정치참여 층이 정당 이외의 정치참여 기회 역시 적극적으로 활용하는 것 같다는 해석이 가능하지 않을까 생각된다. 특히 이러한 결과는 한국 정당원들이 개인적 유인보다는 집합적 유인에 따라 당비를 납부하는 경향이 강하다는 점과 자발적으로 정당에 가입한 경우 당비를 납부하는 경향이 강하다는 결과로부터 유추가 가능할 것 같다. 다시 말해 한국 정당원들의 당비 납부여부는 정당에 의한 동원이나 정당이 제공하는 선별적 권리보다도 정당활동을 통해 실현하고자 하는 이념적, 정책적 선호를 중심으로 결정하고 이와 같이 자발적인 참여 및 집합적 유인의 중요성이 여타의 정치참여 기회도 적극적으로 활용하는 방향으로 유도하는 것 같다.

그러면, 정당의 정책적 영향력을 실현하거나 이념적 지향을 실현하고자 하는 집합적 유인이 당비납부에 미치는 영향력의 강도는 어느 정도인가? 한국 정당원의 당비납부여부를 결정하는 집합적 유인이 지닌 영향력의 강도를 살펴보기 위해 아래에서는 각 변수의 값이 변화하면서 당비납부의 확률이 어떻게 변화하는지를 그림으로 제시하였다.

〈그림 2〉의 집합유인이 당비납부 확률에 미치는 영향력은 우선 나이, 당원 년수, 사회단체 참여강도의 변수는 평균값에, 소득, 당직출마 유인, 지지하는 사람의 당선 유인, 소셜네트워크의 의견개진 빈도 변수 등은 최빈값에 둔 이후 서울거주하는 민주당원이면서 이념적으로 진보이고, 정당일체감을 지닌 남성을 가정한 것이다. 이러한 가정에 따르면, 남성의 나이는 45세, 월소득은 500만 원에서 700만 원 사이, 정당원으로 활동한 년

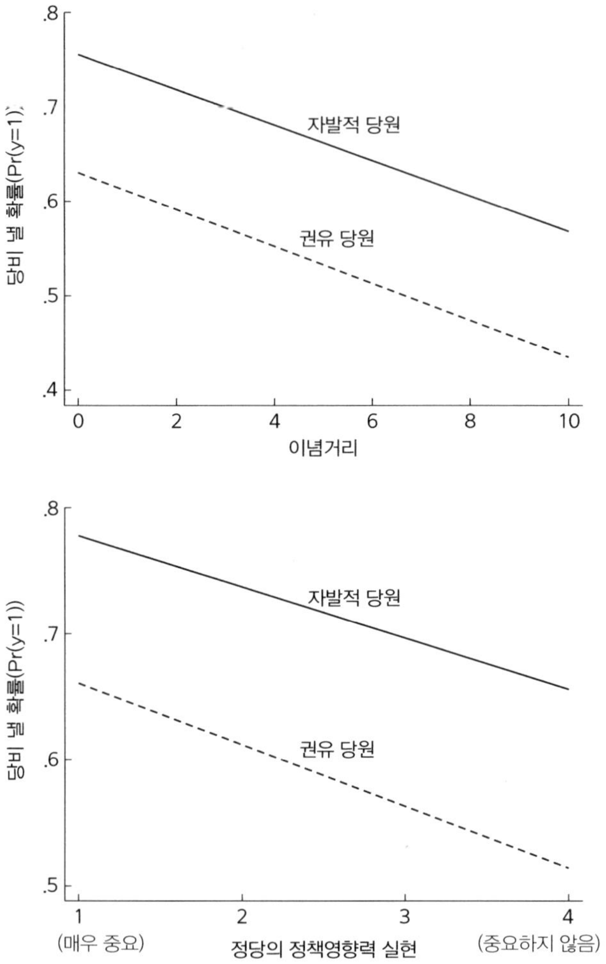

〈그림 2〉 집합적 유인이 당원의 당비납부 확률의 변화에 미치는 영향

수는 3.6년, 사회단체에는 다양한 단체에 걸쳐 평균적으로 소속은 되어 있으나 참여하지 않으며, 당직이나 공직 출마는 정당에 가입하게 된 중요한 요소가 아니면서 지지하는 사람을 당선시키는 것은 상당히 중요하게 생각할 뿐 아니라 소셜네트워크에 가끔 의견을 개진하는 당원에 해당하

였다. 이와 같은 가정 이후 각각의 그림은 당원과 소속정당 간 이념적 거리가 0에서 10까지 변화하면서 자발적으로 정당에 가입한 사람과 주변의 권유를 통해 정당에 가입한 사람이 당비를 낼 확률이 어떻게 변화하는지, 그리고 정당의 정책실현 및 영향력 실현을 중요하게 생각할수록 이들 두 유형의 정당 가입자들이 당비를 낼 확률이 어떻게 변화하는지를 보여주고 있다. 〈그림 2〉에 따르면, 우선 자발적으로 당원이 된 경우를 주변의 권유를 통해 당원이 된 경우와 비교할 때, 당비를 납부할 확률이 0.1이상 차이가 난다는 점을 알 수 있다. 특히 당원과 소속정당의 이념적 거리나 당원이 정당의 정책실현 또는 영향력 실현과 같은 집합적 유인의 변화에도 지속적으로 유지될 뿐 아니라 그러한 집합적 유인이 낮아질수록 차이가 근소하게나마 확대되고 있음을 알 수 있다. 다시 말해 이념적 거리가 커질수록 정당의 정책영향력 실현이 중요하지 않다고 생각할수록 두 집단이 당비를 납부할 확률의 차가 조금씩 벌어지고 있는 것이다.

또한 자발적으로 당원이 된 경우에 초점을 맞춰 살펴보면, 당원과 소속정당 간 이념적 거리가 확대되면서 당비를 낼 확률이 낮아지고 있음을 알 수 있다. 이념적 거리가 0에 가까울 때 당비를 낼 확률은 0.75 이상이 되고 있는 반면, 이념적 거리가 극단적으로 멀어진 10에 근접할 때 당비를 낼 확률은 0.58 수준을 보여 준다. 따라서 이념적 거리에 따라 최대 0.17 정도의 당비를 낼 확률의 차이가 발생한다. 당원이 되는 집합적 유인이 약해지면서 당비를 낼 확률이 낮아진다는 이와 같은 결과는 정당의 정책영향력 실현을 당원이 되는 중요한 요인으로 생각하는 경우에도 유사하게 관찰된다. 정당의 정책영향력 실현이 당원이 된 매우 중요한 요인이라고 생각하는 경우 당비를 낼 확률은 0.78 수준에 해당하는 반면, 중요하다고 생각하지 않는 경우는 0.66 수준에 머무르고 있다. 정당의 정책영향력 실현의 중요성 변수에 의해서도 최대 당비를 낼 확률은 0.12의 차이가 발생하는 것이다. 마지막으로 주변의 권유를 통해 당원이 된 경우에는 자발적으로 당원이 된 경우와 달리 당원과 소속정당 간 이념적 거리가 7 이상의 수준이 되면서 당비를 낼 확률이 0.5 이하로 떨어지는 경향 역시 주목할 만하다.

V. 결론

한국 정당의 당원들 가운데 어떤 당원들이 당비를 내는가? 어떤 이유에서 당비를 내는가? 본 연구는 이러한 질문의 해답을 구하기 위한 것이다. 이러한 질문은 몇 가지 측면에서 한국 정당 및 당원의 활동을 이해하는 데 매우 중요한 것으로 보인다. 우선, 한국 정당들은 당원에 대한 규정이 상이하다. 더불어민주당과 자유한국당 바른미래당은 당비를 내는 당원과 그렇지 않은 당원을 구분하는 반면, 민주평화당이나 정의당은 그러한 구분이 존재하지 않는다. 따라서 이와 같은 정당별 당원 규정의 차별성이 당비 납부와 같은 당원들의 행태에 어떠한 영향을 미치는지를 규명할 필요성이 높다. 더구나 이와 같은 정당의 당원에 대한 규정과 무관하게 당비를 내지 않으면서 자신을 특정 정당의 당원이라고 규정하는 현실은 당원들의 당비 납부에 관한 엄밀한 분석을 요구하는 것이다.

둘째, 한국 정당원들의 당비 납부에 관한 분석은 현실정치의 변화와도 밀접히 관련된다는 중요성을 지닌다. 당비납부의 문제는 최근 정당원의 감소에 따른 정당조직의 변화와 함께 새로운 유형의 당원들이 등장하면서 당원에 대한 규정의 변화와 관계가 깊다. 정당에 대한 정부보조금의 지급에 따른 정당재정에서 차지하는 당비의 비중 하락과 그에 따라 당비를 납부하는 당원에 대한 중요성 하락 현상(Scarrow et al. 2017)뿐 만 아니라 그와 같은 변화를 통해 유권자와 정당이 맺는 관계가 다각화(Scarrow 2015) 되는 것으로 알려졌기 때문이다. 당비납부 여부에 대한 분석은 한국 사회 내에서 이와 같이 서구와 유사한 당원의 분화가 이루어지고 있는지를 짐작할 수 있는 출발점이 될 수 있는 것이다.

셋째, 당비 대납의 문제가 공공연히 제기된 한국사회의 경험 역시 당비납부 문제의 중요성을 강조한다. 일반적으로 선거과정에서 제기되었던 이러한 문제는 특정 후보가 당내 경선을 통과하기 위해 또는 선거과정에서 유권자 동원을 위해 당비를 대납한다는 사회적 의심에 바탕을 둔다. 정당법 제31조 2항에서 정당의 당원이 같은 정당의 타인의 당비를 대납하는 것을 금지하고 있음에도 불구하고, 이러한 규정을 우회하는 부정이 이루어졌을 것이라는 여론은 사라지지 않고 있다.

본 연구는 이와 같은 인식 아래 한국 정당원들이 당비를 납부하는 데 영향을 미치는 요인을 분석하였다. 특히 당원 개인의 선별적 유인, 집합적 유인, 그리고 정치참여 기회구조의 확대가 당비납부에 미치는 영향력을 검증하였다. 본 연구의 결과에 따르면, 한국 정당원들은 정당이 제공하는 선별적 유인보다는 정당을 통해 달성하고자 하는 정책이나 영향력 또는 이념적 지향과 같은 집합적 유인에 따라 당비 납부 여부를 결정하는 것으로 나타났다. 또한 정당을 매개로 하지 않는 정치참여의 기회 확대는 통계학적으로 유의미한 영향력을 지님에도 불구하고 유럽 정당들의 경험과는 상반된 영향력을 지니는 것으로 나타났다. 한국 사회의 당원들은 당비를 내면서 적극적으로 정당 활동을 하는 유형일수록 소셜네트워크의 활용 및 시민단체 활동에도 적극적인 것이다. 이러한 결과는 한국정당은 아직 당비 납부 여부를 기준으로 당원의 유형을 구분할 수준으로 정당과 유권자의 관계가 다각화되지 않은 상태임을 함의한다.

본 연구의 결과는 다음과 같은 측면에서 한국 정당원들의 정당활동에 대한 이해를 높일 것으로 기대된다. 우선, 본 연구의 분석결과는 당비 대납에 대한 한국 사회 내 공공연한 문제 제기는 현실적으로 과장되었을 가능성이 높다는 점을 보여 주었다. 한국 정당원들이 지지자를 당선시키기 위해 당비를 납부하는 것은 아니라는 결과는 후보자가 자신을 지지하도록 유권자를 동원하면서 당비를 대납했을 가능성을 부인하는 것이다. 다만 이와 관련하여 본 연구의 설문조사 자료가 지니는 한계도 간과하지는 말아야할 것 같다. 왜냐하면 〈표 1〉에서 제시하였듯이 각 정당이 보고하는 당비납부 당원의 비율에 비해 본 연구에 활용된 설문조사 자료는 이에 대해서 과다추정하고 있기 때문이다. 따라서 본 설문조사의 분석 결과는 당비를 내는 당원들에 편향된 반면, 당비대납과 같은 방식으로 당원이 된 당원들의 현실을 충분히 반영하지 않았을 가능성도 배제하기는 힘들다. 이와 같은 자료의 한계에서 기인한 분석결과에 대한 해석의 한계에도 불구하고 본 연구의 결과는 추가적으로 다음과 같은 한국 정당원의 활동에 대한 이해를 넓히는 데 도움이 될 것 같다. 첫째, 한국 사회의 정치참여는 아직까지 정당을 중심으로 이루어진다는 점이다. 소셜네트워크에서의 의견개진이나 시민단체 활동을 중요시하는 이들은 정당의 당비를 납부하는 이들이다. 이는 한국 사회는 아직까지 기술의 발전이 정당을 매개로 하지 않는 정치참여 기회를 확대하면서 정당원의 유형 분화를 야기하는 서구와 같은 정당 변화의 방향에 진입하지 않고 있음을 함의한다. 둘째, 한국 정당들의 정당원에 대한 다양한 규정 및 선별적 권리 부여는 정당원들의 당비 납부여부에 유의미한 영향을 주지 않는다는 점이다. 이는 정당활동에 적극적인 한국 유권자들은 정당의 리더에 의한 동원의 측면보다는 정당을 통해 집합적으로 실현하고자 하는 목표를 중심으로 정당활동을 결정하는 경향을 의미하는 것으로 보인다.

참고문헌

강원택. 2008. "한국정당의 당원연구: 이념적 정체성과 당내민주주의." 『한국정치학회보』 42(2), 109−128.

김영태. 2009. "당원의 이념적, 정책적 태도와 정당경쟁구도." 『한국정당학회보』 8(1), 198−223.

윤종빈. 2012. "한국의 당원교육 운영실태 분석 및 개선방안." 『21세기정치학회보』 22(2), 83−104.

정진민. 2008. "정당정치의 제도화와 한국정당의 과제." 『한국정치연구』 17(2), 33−53.

Audickas, Lukas, Noel Dempsey, and Richard Keen. 2018. "Membership of UK Political Parties," *Briefing Paper, No. SN05125.* House of Commons Library.

Bruter, M., and S. Harrison. 2009. *The Future of Our Democracies: Young Party Members in Europe.* New York: Palgrave Macmillan.

Clark, Peter B., and James Q. Wilson. 1961. "Incentive Systems: A Theory of Organizations," *Administrative Science Quarterly* 6(1): 129-166.

Cross, William, and Lisa Young. 2004. "The Contours of Political Party Membership in Canada," *Party Politics* 10(4): 427-444.

Dalton, Russell J. and Martin P. Wattenberg. 2000. *Parties Without Partisans: Political Change in Advanced Industrial Democracies.* Oxford: Oxford University Press.

Duverger, Maurice. 1954. *Political Parties,* tr. Barbara and Robert North. New York: John Wiley & Sons.

Hain, Peter. 2004. *The Future Party.* London: Catalyst.

Heidenheimer, Arnold. 1963. "Comparative Party Finance: Notes on Practices and Toward a Theory," *Journal of Politics* 25(4): 790-811.

Hooghe, Marc, and Ann-Kristin Kölln. 2018. "Types of Party Affiliation and the Multi-Speed Party: What Kind of Party Support is Functionally Equivalent to Party Membership?" *Party Politics,* DOI: 10.1177/1354068818794220

Katz, R., and P. Mair. 1995. "Changing Models of Party Organization and Party Democracy: The Emergence of the Cartel Party," *Party Politics* 1(1): 5-28.

Katz, R., and P. Mair. 2009. "The Cartel Party Thesis: A Restatement," *Perspectives on Politics* 7(4): 753-766.

Kirchheimer, Otto. 1966. "The Transformation of the Western European Party System," In Joseph Lapalombara and Myron Weiner (eds) *Political Parties and Political Development*. Princeton, NJ: Princeton University Press.

Kölln, Ann-Kristin. 2016. "Party Membership in Europe: Testing Party-level Explanations of Decline," *Party Politics* 22(4): 465-477.

Panebianco, Angelo. 1988. *Political Parties: Organization and Power*. tr. Marc Silver. Cambridge University Press.

Passrelli, Gianluca and Dario Tuorto. 2018. "The Meanings of Party Membership: A Comparison of Three Parties," *Contemporary Italian Politics* 10(2): 170-192.

Poletti, Monica, Paul Webb, and Tim Bale. 2019. "Why Do Only Some People Who Support Parties Actually Join Them? Evidence From Britain," *West European Politics* 42(1): 156-172.

Scarrow, S. 2000. "Parties without Members? Party Organization in a Changing Electoral Environment," In Russell J. Dalton and Martin P. Wattenberg (eds) *Parties Without Partisans: Political Change in Advanced Industrial Democracies*. Oxford: Oxford University Press, 79-101.

Scarrow, S. 2015. *Beyond Party Members: Changing Approaches to Partisan Mobilization*. Oxford: Oxford University Press.

Scarrow, S., Paul D. Webb, and Thomas Poguntke. 2017. *Organizing Political Parties: Representation, Participation, and Power*. Oxford University Press.

Seyd, Patrick, and Paul Whiteley. 1992. *Labour's Grass Roots*. Oxford: Clarendon Press.

Seyd, Patrick, and Paul Whiteley. 2002. *New Labour's Grassroots: The Transformation of the Labour Party Membership*. Palgrave Macmillan.

van Biezen, Ingrid, Peter Mair, and Thomas Poguntke. 2012. "Going, Going, ... Gone?

The Decline of Party Membership in Contemporary Europe," *European Journal of Political Research* 51(1): 24-56.

van Haute, Emilie, and Anika Gauja. 2015. *Party Members and Activists.* Routledge, London.

Webb, Paul, Monica Poletti, and Tim Bale. 2017. "So Why Really Does the Donkey Work in 'Multi-Speed Membership Parties'? Comparing the Election Campaign Activity of Party Members and Party Supporters," *Electoral Studies.* 46(1): 64-74.

Whiteley, Paul and Patrick Seyd. 2002. *High-Intensity Participation: The Dynamics of Party Activism in Britain.* Ann Arbor: University of Michigan Press.

Young, Lisa and William Cross. 2002. "Incentives to Membership in Canadian Political Parties," *Political Research Quarterly* 55(3): 547-570.

제3장

당원들의 이념 성향과 정책 이슈에 대한 태도

정수현
명지대학교

I. 서론

정당 없는 현대 민주주의를 생각할 수 없듯이 당원 없는 정당이란 존재할 수 없다. 정치엘리트들이 정당을 통해서 유권자들의 요구에 반응하여 정책을 결정해 나가듯이 당원은 정당에서 정치엘리트와 유권자를 연결하는 매개자의 역할을 담당한다. 한편으로는 정당지도부가 결정한 정당의 정책을 유권자들에게 알리고 이를 홍보하고, 다른 한편으로는 유권자들이 선호하는 정책이나 정당의 정책에 대한 의견을 정당지도부에게 전달하여 이를 당의 정책으로 채택하거나 당의 기존 정책을 변경하도록 압력을 가하는 것이다. 그렇기 때문에 당원들의 이념 성향과 정책 이슈들에 대한 태도는 민주주의 체제에서 중요한 정치적 함의를 갖는다. 만약 한 정당의 당원들의 이념 성향과 주요 이슈들에 대한 태도가 일반 유권자들의 선호도와 큰 차이를 나타낸다면 그 정당은 선거에서 승리하기 힘들 것이며, 양당제나 다당제 하에서 각 정당의 당원들의 극단적인 성향을 가지고 일부 유권자 집단들의 호응만 받는다면 정당은 매디슨(James Madison)이 우려했던 사회적 갈등과 반목을 유도하는 파벌정치를 유도하는 것이다(Stokes 1999).

이처럼 당원들의 이념 성향과 이슈태도를 분석하는 것은 중요한 작업이지만 아직까지 한국 당원들에 대한 연구는 그다지 많지 않다. 이는 아마 두 가지 이유에서 기인했을 것이다. 첫째, 과거 우리나라 정당들은 지역균열구조에 기반을 둔 인물 중심의 사조직에 가까웠었고 당원들은 자발적으로 정당에 가입하기보다는 동원된 경우가 많았기 때문에 당원의 이념 성향과 이슈태도를 연구하는 것이 학문적으로나 정치적으로나 큰 의미를 갖지 않았다. 그러나 2000년대 이후 이른바 '삼김시대'의 종식과 더불어

인터넷과 스마트폰의 보급으로 인해 유권자들의 정치참여가 이전보다 용이해지고 자발적인 당원들의 수가 증가하는 것으로 알려졌다. 둘째, 대부분의 정당들이 당원 명단을 대외비로 하고 공개하지 않기 때문에 설문을 실시할 조사 대상자들을 확보하기가 어렵다. 그래서 강원택(2008)과 김영태(2009)는 선거연수원에서 진행한 당원 교육에 참석한 당원들을 대상으로 실시한 당원의식조사 자료를 사용하는 방법을 대신 선택했다. 하지만 정당 조직에 깊이 간여된 당원들이 주로 당원 교육에 참석하기 때문에 이들이 전체 당원들을 대표한다고 보기는 어려울 것이다.

이러한 문제의식을 가지고 본 연구는 2019년 2월 명지대학교 미래정치연구소가 한국리서치와 함께 실시한 한국형 정당모델 탐색을 위한 국민의식조사 자료를 이용하여 우리나라 당원들의 이념과 이슈태도에 대해서 분석했다. 이 연구에서는 특정한 가설을 검증하기보다는 현재 우리나라 당원들의 이념 성향과 경제, 외교안보, 사회분야 이슈들에 대한 태도를 검토하고 정당별로 당원들의 이념과 이슈태도가 어떠한 차이가 나타나는지를 알아보려고 한다. 또한 회귀분석을 통해 이슈태도에 미치는 이념과 정당 효과를 분석하고 성별, 세대별, 교육 및 소득수준별로 각 이슈들에 대한 태도가 어떻게 다른지를 조사할 것이다.

이 글의 구성은 다음과 같다. 먼저 2장에서는 유권자들의 이념과 이슈태도에 대한 선행연구들의 이론적, 방법론적인 논의들을 검토하고 이를 어떻게 당원들에 대한 연구에 적용할 것이지를 밝힐 것이다. 3장에서는 연구에서 사용한 당원들에 대한 설문조사자료를 한국과 유럽의 당원 연구들에서 사용된 자료와 비교해서 설명한 이후에 당원들의 이념 성향과 이슈태도를 분석하기 위해 채택한 연구모형과 각 변수들의 측정방법을 기술하겠다. 4장에서는 당원들의 정치적 이념과 이슈들에 대한 태도가 정당별로 어떻게 차이가 나타나는지를 살펴본 이후에 당원들의 이념과 이슈태도에 대한 회귀분석 결과를 보고하려고 한다. 마지막 장에서는 이 연구가 가지는 의의와 한계를 밝힌 후에 추후 연구과제에 대해서 논하겠다.

II. 이론적 논의

많은 정치학자들은 2000년대 이후 우리나라 정당들이 점차 지역균열구조에 기반을 둔 인물 중심의 사조직 형태에서 이념과 정책에 기반을 둔 정당으로 변모하고 있다고 주장한다(최준영 · 조진만 2005; 강원택 2008; 김영태 2009). 2002년 대통령 선거로 소위 "삼김시대"가 종식되면서 정당들이 선거에서 단순히 지역주의에 호소하기보다는 다른 정당 간의 이념적, 정책적 차이를 부각시키고 시작했고, 유권자들 역시 자신의 이념과 가까운 정책을 제안한 정당과 후보자를 선택하는 경향이 강해졌다는 것이다. 이처럼 정당이 이념 중심의 조직으로 변모해가면서 당원들의 모집 형태 역시 변했다. 과거에는 정당의 사조직적인 성격이 강했기 때문에 당원들이 개인적 연고와 조직에 의해 동원되는 경우가 많았다면, 2000년 총선시민연대의 결성과 노사모의 조직 이후 인터넷에서의 유권자들의 정치참여가 급속히 확산되면서 자신의 이념에 부합하는 정당과 후보자의 당선을 위해서 자발적으로 정당에 가입하는 당원의 숫자가 증가하고 있다. 그러므로 현재 우리나라 정당의 당원들은 정당별로 이념적 성향의 차이가 분명하고 이로 인해 당원들 간에 정책 이슈에 대한 태도가 분명히 다를 것이라고 추측해 볼 수 있다.

당원들의 이념적 특성과 정당 간 당원들의 이슈에 대한 차이를 분석하기 위해서는 크게 두 가지 점을 고려해야 한다. 하나는 당원들의 정치적 이념을 어떻게 측정하느냐는 것이고 다른 하나는 정당별로 어떤 정책 이슈가 당원들의 이념 성향과 함께 중요하게 부각되느냐는 것이다.

우선, 개인의 정치적 이념을 측정하는 데 있어서 가장 빈번하게 사용되는 방법은 자기이념평가 방식이다. 이는 설문에서 응답자들에게 자신의 이념성향이 보수, 진보 혹은 중도 중 어디에 해당하는지 대답하도록 하거나 문항에 좌우이념점수(가령, 0은 극좌, 10은 극우)를 부여한 이후에 그에 해당하는 점수를 선택하도록 하는 것이다. 자기이념평가 방식은 정치적 이념을 좌우의 일차원적 개념으로 인식하는 전통적인 믿음에 부합하며 자료 수집의 편의성 때문에 1960년대 스톡스(Donald E. Stokes)가 이를 소개한 이후 정치적 이념과 관련된 연구들에서 일반적으로 이용되고 있다(Stokes 1963; Miller et al. 1976; Trieier and Hillygus 2009; 한정훈 2016). 하지만 이 방식은 개인의 이념 성향을 전적으로 연구 대상자의 주관적 평가에 의존한다는 것이 큰 문제점으로 지적된다. 정치적 지식이 부족한 일반 유권자들은 보수와 진보가 의미하는 바를 정확히 알지 못하며, 설령 그 의미를 알더라도 개인에 따라 이념평가 기준이 다르기 때문에 동일한 이념성향을 가진 유권자가 서로 다른 점수를 선택하거나 서로 다른 이념성향을 가진 유권자들이 동일한 이념점수를 자신에게 부여할 수 있게 되는 것이다(Converse 1964; Zaller 1992; Feldman and Johnston 2014; 이갑윤·이현우 2008). 더욱이 최근 연구들은 자기이념평가 방식이 가정하는 것처럼 정치적 이념이 일차원적이기보다는 경제와 사회 이슈 등에 대한 태도들을 별개의 축으로 하는 다차원적이기 때문에 자기이념평가 방식으로 유권자의 이념을 측정하는 것은 타당하지 않다고 지적한다(Treier and Hillygus 2009; Feldman and Johnston 2014).

그러한 이유들 때문에 경제와 사회 분야의 다양한 이슈들에 대한 응답자의 태도를 집약해서 유권자의 이념성향을 측정하는 방식이 자기이념평가 방식의 대안으로 제시된다(Ansolabehere et al. 2008.Feldman and Johnsotn 2014; 최효노 2018; 이갑윤·이현우 2008). 하지만 이 방식도 개인의 특정 이슈에 대한 태도는 장기간 유지되기 보다는 이슈가 논의되는 시점에 따라 쉽게 변할 수 있기 때문에 하나의 신념체계로서 오랜 기간 동안 안정적인 정치적 이념의 특성에 어긋난다는 문제가 있다(한정훈 2016; Converse 1964). 또한, 좌우의 일차원적 이념 측정 방식이 다양한 이슈들에 대한 선호를 측정하는 데 있어서도 여전히 타당하다는 주장도 있다(McCarthy et al. 2006). 결국 두 방식 모두 장단점이 있기 때문에 한국 유권자들과 당원들의 이념성향에 관한 연구들은 기본적으로 자기이념평가에 의존해서 유권자들과 당원들의 보수, 진보, 중도로 분류하거나 이념 점수를 매긴 이후에 각 이념 집단이 정책이슈에 대해서 어떠한 태도를 가지는 지를 분석하는 방식을 주로 선택하였다(박경미 외 2009; 강원택·성예진 2018; 이내영 2011; 류재성 2013; 김영태 2009).

다음으로 정당 간 당원들의 이념성향의 차이를 분석하기 위해서는 당원들에게 어떤 이슈가 이념적으로 혹은 특정 정당의 당원으로서 중요하게 부각되는지를 고려해야 한다. 펠드만(Stanley Feldman)과 존스톤(Christopher Johnston)은 정치적 이념이 유권자들에게 정책 이슈에 대해 무슨 태도를 가질지에 대한 지침이 되지만, 어떤 종류의 정책에 적용할지에 대해서 개인적인 차이가 발생할 수 있다고 주장한다(Feldman and Johnston 2014, 340-341). 가령, 어떤 유권자들은 진보(liberalism)와 보수(conservatism)를 경제정책의 측면에서 이해하는 반면에 다른 유권자들은 낙태와 동성애와 같은 사회정책의 측면에서 이해할 수 있다는 것이다. 즉, 부자에 대한 과세를 찬성하지만 동성애 결혼에 반대하는 두 명의 유권자가 있다고 가정한다면 한 명은 자신이 진보이기 때문에 부자에 대한 과세정책을 찬성해야한다고 생각하는 반면에 다른 한 명은 자신이 보수이기 때문에 동성애 결혼을 반대해야한다고 믿는 것이다. 또한, 많은 학자들은 정당이 유권자들의 이념과 정책 이슈에 대한 태도에 미치는 영향력에 대해서 지적한다(B langer and Meguid 2008; Cohen 2003; Lavine and Gschwend 2006: Layman and Carsey 2002; Carsey and Layman 2006). 중앙당 혹은 정당 지도부가 정책에 대한 정보를 선별적으로 제공할 뿐만 아니라 당론을 통해 당원들이 어떠한 정책적 태도를 가져야하는지에 대한 지침이나 신호(cue)를 전달하기 때문이다(Cohen 2003; ; Zaller 1992; Carsey and Layman 2006; 길정아 2013). 유권자들은 어떤 정책이나 이슈에 대해서 자신이 어떠한 태도를 취해야할지 분명하지 경우가 많으며 이럴 경우 자신이 지지하거나 신뢰하는 정당의 당론이나 후보자의 공약을 참조하게 되는 것이다. 이때, 정당은 모든 이슈에 대한 유권자들의 태도를 변화시키는 것이 아니라 유권자들이 중요하다고 인식하는 핵심적인 이슈에 영향력을 미치게 된다(Bélanger and Meguid 2008).

그렇다면 우리나라 당원들의 이슈에 대한 태도에 있어서 어떤 종류의 이슈들에서 이념과 정당 효과가 크게 나타날까? 미국 유권자들의 이슈 태도를 분석한 연구들은 주로 정치적 이념과 정당일체감에 따라 정부 지출, 과세, 복지 정책 등 정부의 시장 개입과 관련된 경제적 이슈와 낙태, 동성애 결혼, 사형제 등과 같은 사회적 이슈에 대한 태도가 다르게 나타나는 것을 보여 준다(Treier and Hillygus 2009; Feldman and Johnston 2014). 하지만 한국의 유권자들은 경제적 이슈와 사회적 이슈보다는 대북정책과 북한지원과 같은 외교안보 이슈에 대한 태도에 있어서 이념적 차이가 명확히 드러난다는 것이 대부분 연구들의 분석결과였다(최효노 2018; 박경미 외 2012; 이갑윤·이현우 2008).

이러한 논의들을 종합해 볼 때, 한국의 당원들의 이념성향과 이슈에 대한 태도에 대해서 다음과 같이 가정할 수 있다. 첫째, 정당들이 이념 중심의 조직으로 변모하고 자발적으로 정당에 가입한 당원들이 증가하고 있기 때문에 당원들의 이념 성향은 소속 정당이 표방하는 이념에 근접해있을 것이다. 현재 주요 원내 정당들을 살펴보면 정의당과 더불어민주당이 진보와 중도 진보를 표방하고 자유한국당은 보수 이념을 대변하고 있으며, 바른미래당과 민주평화당은 중도 정당임을 자임하고 있다. 그러므로 당원들에게 자신의 이념을 0(매우 진보)에서 10(매우 보수)의 11점 척도로 선택하게 한다면, 바른미래당과 민주평화당 당원들은 평균적으로 5에 가까운 이념점수를 보일 것이며 정의당과 민주평화당 당원들은 5보다 작은 값을, 자유민주당 당원들은 5보다 큰 값을 나타낼 것이다. 둘째, 당원들은 정책 이슈들에 대해서 자신의 이념과 소속 정당에 부합한 태도를 가질 것이며, 그런 경향은 특히 경제적, 사회적 이슈보다는 국방과 통일에 관련된 외교안보 이슈에서 두드러질 것이다. 당원들은 일반 유권자들보다는 정치적 관심과 정치적 지식이 높기 때문에 자신의 이념에 부합하는 정책 이슈에 대한 태도를 취할 가능성이 크고(Converse 1964, 2000), 소속 정당에 대한 높은 충성심으로 인해 정당의 정책 방향에 맞추어 자신의 이슈태도를 바꾸어나가는 경향이 있기 때문이다(Layman and Carsey 2002).

Ⅲ. 연구설계

본 연구에서 당원들의 이념 성향과 정책 이슈에 대한 태도를 설명하기 위해 사용한 연구모형은 다음과 같다.

당원들의 정치적 이념$=\beta_0+\beta_1$정당$+\beta_2$성별$+\beta_3$연령$+\beta_4$교육수준$+\beta_5$가구별소득수준$+\beta_6$거주지$+\varepsilon$

당원들의 정책 이슈에 대한 태도$=\beta_0+\beta_1$정당$+\beta_2$이념$+\beta_3$성별$+\beta_4$연령$+\beta_5$교육수준$+\beta_6$가구별소득수준$+\beta_7$거주지$+\varepsilon$

우선 당원들의 정치적 이념과 정책 이슈에 대한 태도를 종속변수로 설정했다. 첫째, 당원들의 이념은 자기이념평가에 기반을 하여 측정했다. 설문조사에서 응답자들은 자신의 이념성향이 0부터 10까지의 11점 척도에서 어디에 가까운지 선택했다. 여기서 0에 가까울수록 진보성향이 강한 것을, 10에 가까울수록 보수성향이 강한 것을 의미한다. 〈표 1〉에서 보는 바와 같이 자기이념평가의 평균은 4.41로서 전체 당원들의 이념 성향이 약간 진보 쪽으로 기울인 것을 알 수 있다. 둘째, 응답자들의 경제, 외교안보, 사회 분야의 10개의 정책 이슈들에 대한 찬반여부를 토대로 당원들의 정책 이슈에 대한 태도를 측정했다. 경제이슈와 관련해서는 "저소득층에 대한 복지지출", "고등학교 무상교육", "고소득자에 대한 과세"를, 외교안보이슈와 관련해서는 "한미동맹관계의 강화", "국가보안법의 폐지", "북한과의 경제협력 활성화"를, 사회이슈와 관련해서는 "낙태죄 폐지", "학교체벌", "동성애자의 권리에 대한 법적 보장", "원자력 발전소 폐쇄"에 대한 문항들을 사용했다. 각 문항들에 대한 응답자들의 선택은 1(매우 찬성 혹은 매우 반대)에서 5(매우 반대 혹은 매우 찬성)로 수량화했으며, 1에 가까울수록 진보적인 성향이 강한 것으로 5에 가까울수록 보수적인 성향이 강한 것으로 코딩했다.[1] 〈표 1〉에서 보는 바와 같이 당원들은 많은 이슈들에 있어서 진보적인 성향을 드러냈지만, 한미동맹관계 강화, 학교 체벌 허용, 동성애자의 권리 보장에 대해서는 보수적인 성향을 가졌다 가장 진보적인 태도를 나타낸 이슈는 고소득자 과세였으며, 가장 보수적인 태도를 나타낸 이슈는 한미동맹관계 강화였다.

다음으로 당원들의 소속 정당은 정책에 대한 정보를 선별적으로 제공할 뿐만 아니라 당론을 통해 당원들이 어떠한 정책적 태도를 가져야하는지에 대한 지침이나 신호(cue)를 전달하기 때문에 당원들의 이념 성향과 정책 이슈태도에 큰 영향을 미칠 것을 기대할 수 있다(Cohen 2003;

〈표 1〉 당원들의 정치적 이념과 이슈태도

변수	분석수	평균	표준편차	최솟값	최댓값
정치적 이념	1,273	4.41	2.31	0	10
저소득층 복지지출	1,273	2.24	0.99	1	5
고등학교 무상교육	1,273	2.22	1.06	1	5
고소득자 과세	1,273	1.75	0.96	1	5
한미동맹관계 강화	1,273	3.50	1.00	1	5
국가보안법 폐지	1,273	2.82	1.25	1	5
북한과의 경제협력	1,273	2.23	1.12	1	5
낙태죄 폐지	1,273	2.53	1.13	1	5
학교 체벌 허용	1,273	3.18	1.14	1	5
동성애자의 권리 보장	1,273	3.09	1.21	1	5
원자력 발전소 폐지	1,273	2.99	1.29	1	5

1. "저소득층 복지지출", "고등학교 무상교육", "고소득자 과세", "국가보안법 폐지", "북한과의 경제협력", "동성애자 권리 보장", "원자력 발전소 폐지"에 대한 찬성은 응답자의 진보적인 성향을 의미하기 때문에 1(매우 찬성)에서 5(매우 반대)로 수량화한 반면에 "한미동맹관계의 강화", "낙태죄 폐지", "학교 체벌 허용"에 대한 찬성은 보수적인 성향을 의미하기 때문에 역으로 1(매우 반대)에서 5(매우 찬성)로 수량화했다.

Zaller 1992; Carsey and Layman 2006; 길정아 2013). 이러한 효과를 검증하기 위해서 응답자의 소속정당을 독립변수로 사용했다. 〈표 2〉에서 보듯이 자신을 당원이라고 대답한 1,273명 가운데 더불어민주당 소속은 전체의 63.16%인 804명으로 과반수가 훨씬 넘는다. 이는 앞에서 당원들의 이념 성향에 대해서 설명했던 것처럼 박근혜 대통령 퇴진 운동 이후 많은 유권자들이 더불어민주당에 가입했기 때문에 나타난 현상으로 추정해 볼 수 있다. 하지만 보수 정당에 가입한 당원들이 설문조사에서 자신의 소속을 밝히기를 거부했기 때문에 더불어민주당 당원 수가 과대 대표되었을 가능성 역시 배제할 수 없다. 다른 정당들을 살펴보면, 자유한국당 238명(18.70%), 바른미래당 70명(5.50%), 민주평화당 37명(2.91%), 정의당 68명(5.34%), 기타정당[2] 56명(4.40%)이었다. 또한 당원들의 정책 이슈에 대한 태도가 종속 변수로 사용한 경우에는 당원들의 정치적 이념이 소속 정당과는 별개로 정책 이슈에 대한 태도에 영향을 미칠 수 있으므로 독립변수로 사용했다.

마지막으로 당원들의 이념성향과 정책 이슈태도에 영향을 미치는 사회경제적 요인들을 알아보기 위해 성별, 연령, 교육수준, 소득수준, 주거지를 통제변수로 설정했다. 첫째, 성별은 남성을 0으로, 여성을 1로 코딩했다. 위에서 언급한 바와 같이 여성보다 남성의 정당 가입률이 높았기 때문에 정당의 구성에서 남성 당원의 비율이 여성 당원의 비율보다 훨씬 컸다. 둘째, 연령은 만 나이를 기준으로 20대(19세 포함), 30대, 40대, 50대, 60대 이상을 가변수로 만든 후에 20대를 기본 범주로 이용했다. 전체 당원들 중에서 소위 386세대를 포함하는 40대와 50대가 과반수를 넘었다.

2. 원내 5개 정당 외에 응답자들이 소속 정당으로 밝힌 기타정당은 민중당, 대한애국당, 녹색당, 노동당이다.

〈표 2〉 당원들의 소속정당과 인구사회학적 특성

변수	관측수(명)	비율(%)
정당		
더불어민주당	804	63.16
자유한국당	238	18.70
바른미래당	70	5.50
민주평화당	37	2.91
정의당	68	5.34
기타정당	56	4.40
성별		
남성	792	62.20
여성	481	37.78
연령		
20대	125	9.82
30대	237	18.62
40대	349	27.42
50대	341	26.79
60대 이상	221	17.36
가구소득		
200만 원 이하	143	11.23
200~400만 원	398	31.26
400~600만 원	354	27.81
600~800만 원	237	18.62
800만 원 이상	141	11.08
교육수준		
고등학교 졸업 이하	249	19.56
대학교 졸업	861	67.64
대학원 졸업	163	12.80
거주지		
서울	224	17.60
경인	370	29.07
강원	40	3.14
충청	149	11.70
영남	283	22.23
호남	187	14.69
제주	20	1.57

셋째, 소득수준은 전체 가구원의 평균 한 달 총 수입을 기준으로 200만 원 미만(기본 범주), 200만 원~400만 원 미만, 400만 원~600만 원 미만, 600만 원~800만 원 미만, 800만 원~1,000만 원 미만, 1,000만 원 이상으로 분류하여 가변수를 만들었다. 과반수 당원들의 가구당 소득은 200만 원~600만 원대로 중산층이 당원의 큰 비중을 차지하고 있었다. 넷째, 교육수준은 고등학교 졸업이하를 기준으로 대학 졸업(전문대 및 4년대 대학교 졸업)과 대학원 졸업(석사 및 박사)를 가변수로 설정했다. 3분의 2가량의 당원들이 대학을 졸업한 것으로 나타났다. 다섯째, 주거지는 서울을 기준으로 경인(경기도와 인천광역시), 강원, 충청(충청북도, 충청남도, 대전광역시, 세종특별자치시), 영남, 호남, 제주를 가변수로 설정했다. 거주지가 경인지역인 당원들의 비율이 29.07%로 가장 높았으며 다음으로 영남지역의 거주자들이 전체 당원의 22.23%를 차지했다. 전체 유권자들 가운데 서울 지역 거주자가 20%를 넘는 데도 불구하고 낮은 정당 가입률 때문에 전체 당원들 가운데 서울 지역 거주자는 17.60%에 불과했다.

IV. 분석결과

1. 정당별 당원들의 이념성향과 정책 이슈에 대한 태도

먼저 〈그림 1〉의 박스 플롯(box plot)은 정당별 당원들의 이념성향을 통계적으로 보여 준다. 일반적으로 알려진 바와 같이 더불어민주당과 정의당 당원들은 진보적 성향을, 자유한국당 당원들은 보수적 성향을, 바른미래당과 민주평화당 당원들은 중도적 성향을 가지는 것으로 나타났다. 박스 플롯의 가운데 선은 당원들의 이념 성향의 중앙값으로서 더불어민주당과 정의당은 각각 4와 3을, 자유한국당은 6을, 바른미래당과 민주평화당은 5의 값을 보여 준다. 또한 박스플롯의 좌변과 우변은 각각 25와 75 백분위수(percentile)을 의미하는 것으로 더불어민주당의 당원들의 이념분포도가 다른 네 개의 정당에 비해 응집되어 있는 것을 알 수 있다. 이는 어쩌면 더불어민주당 당원들 간의 이념편차가 다른 정당의 당원들보다 적기 때문에 나타난 현상일 수도 있지만 그보다는 설문조사에서 더불어민주당에 소속된 응답자의 수가 다른 정당에 소속된 응답자들의 수보다 훨씬 많기 때문에 발생한 결과로 추정된다. 기타정당의 경우에는 민중연합당과 대한애국당처럼 매우 진보적이거나 매우 보수적인 성향을 가진 정당의 당원들을 포괄하고 있기 때문에 당원들의 이념성향의 25와 75 백분위수가 2에서 8로 매우 광범위하게 나타난다.

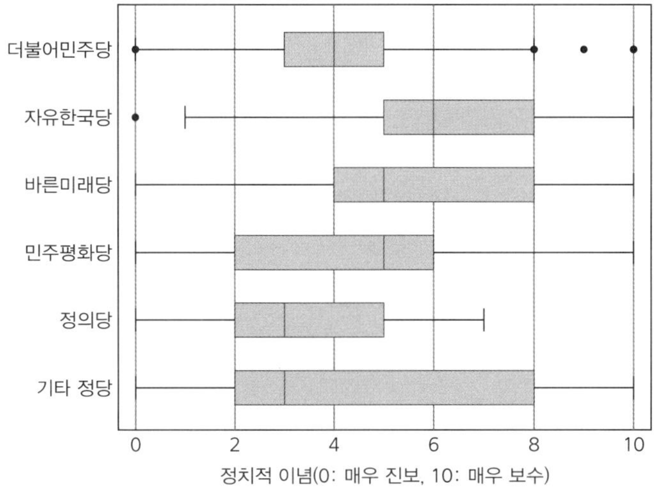

〈그림 1〉 정당별 당원들의 이념성향

다음으로 정당 간 당원들의 정책 이슈에 대한 태도의 차이를 비교하기 위해서 당원들의 경제, 외교안보, 사회 이슈에 대한 태도를 정당별로 분류하고 이를 분산 분석(analysis of variance, ANOVA)을 통해 비교했다. 〈표 3〉, 〈표 4〉, 〈표 5〉는 그 결과를 정리한 것이다. 표에서 정당 오른쪽 셀에 있는 숫자는 해당 이슈에 대한 당원들의 평균 점수로서 1에 가까울수록 진보적인 성향이, 5에 가까울수록 보수적인 태도를 가진다는 것을 의미한다. 또한 해당 이슈에 대한 당원들의 진보적인 성향이 강할수록 셀의 색조가 짙어지는 반면에 보수적인 성향이 강할수록 셀의 색조가 옅어지도록 하였다.

모든 이슈에 있어서 정당 간 당원들의 정책적 태도의 차이가 통계적으로 유의하게 나타났다. 전체적으로 정당별 이슈태도는 위에서 본 정당별 당원들의 이념과 비슷했다. 학교체벌을 제외한 아홉 개의 이슈에 있어서 자유한국당 당원들이 가장 보수적인 성향을 보여줬고, 더불어민주당과 정의당 당원들이 진보적인 성향을, 바른미래당과 민주평화당 당원들이 그 중간인 중도적인 성향을 보여줬다. 이는 당원들의 정책적 태도가 주관적인 이념 평가와 유사하다는 것을 뜻한다.

하지만, 정책별로 살펴보면 정당 간 당원들의 차이가 구체적인 이슈에 따라 다르게 나타났다. 우선, 경제 이슈에 대한 당원들 간의 차이는 비교적 적었다. 저소득층 복지, 고등학교 무상교육, 고소득자 과세에 있어서 어떤 이슈도 가장 보수적인 자유한국당 당원들과 가장 진보적인 정의당 당원들 간의 평균값의 차이는 1을 넘지 않았다. 반면에 한미동맹관계, 국가보안법, 북한과의 경제협력과 같은 외교안보이슈에 대해서는 자유한국당 당원들과 정의당 당원들 간의 평균값의 차이는 모두 1을 넘었다. 그 중에서 가장 이견이 큰 이슈는 국가보안법으로서 두 정당 간 당원들의 평균값의 차이는 1.73이었다. 사회정책에 있어서는 정당 간 차이가 이슈별로 다소 다르게 나타났다. 낙태죄 폐지 여부에 대한 자유한국당 당원들과 정의당 당원들 간의 차이는 0.63에 불과했지만 원자력 발전소 폐쇄 문제에 대한 두 정당 당원들의 차이는 1.66이었다. 이런 결과에 비추어볼 때 우리

〈표 3〉 당원들의 경제이슈에 대한 태도

	저소득층 복지	고등학교 무상교육	고소득자 과세
더불어민주당	2.12	2.06	1.58
자유한국당	2.62	2.74	2.21
바른미래당	2.6	2.67	2.24
민주평화당	2.49	2.32	1.86
정의당	1.91	1.76	1.5
전체 평균	2.25	2.22	1.74
최대 차이	0.71	0.98	0.74
ANOVA	F=17.49 Prob>F=0.0000	F=28.67 Prob>F=0.0000	F=29.62 Prob>F=0.0000

주: 1에 가까워질수록 진보적인 태도, 5에 가까워질수록 보수적인 태도

〈표 4〉 당원들의 외교안보이슈에 대한 태도

	한미동맹관계 강화	국가보안법 폐지	북한과의 경제협력
더불어민주당	3.39	2.57	1.97
자유한국당	4	3.79	3.09
바른미래당	3.89	3.27	2.69
민주평화당	3.43	2.73	2.05
정의당	2.91	2.06	1.66
전체 평균	3.51	2.82	2.22
최대 차이	1.09	1.73	1.43
ANOVA	F=30.09 Prob>F=0.0000	F=65.48 Prob>F=0.0000	F=67.61 Prob>F=0.0000

주: 1에 가까워질수록 진보적인 태도, 5에 가까워질수록 보수적인 태도

〈표 5〉 당원들의 사회이슈에 대한 태도

	낙태죄 폐지	학교체벌 허용	동성애자 권리보장	원자력발전소 폐지
더불어민주당	2.45	3.13	2.97	2.7
자유한국당	2.89	3.52	3.68	3.96
바른미래당	2.47	3.2	3.26	3.61
민주평화당	2.46	3.7	3.05	3.24
정의당	2.26	2.65	2.44	2.29
전체 평균	2.53	3.20	3.10	2.99
최대 차이	0.63	1.06	1.24	1.66
ANOVA	F=8.26 Prob>F=0.0000	F=12.07 Prob>F=0.0000	F= 23.67 Prob>F=0.0000	F=67.47 Prob>F=0.0000

주: 1에 가까워질수록 진보적인 태도, 5에 가까워질수록 보수적인 태도

나라 당원들은 서구 국가들과는 달리 경제적 혹은 사회적 이슈보다는 외교안보이슈를 중심으로 크게 대립하고 있다는 것을 알 수 있다.

2. 회귀분석결과

〈표 6〉은 당원들의 자기이념평가에 대한 회귀분석 결과이다. 첫째, 위의 〈그림 1〉에서 드러난 결과와 같이 더불어민주당 당원들과 비교해서 자유한국당, 바른미래당, 민주평화당 당원들은 정치적 이념이 더 보수적이었으며, 정의당 당원들은 더 진보적이었다. 다른 변수들의 효과를 통제했을 때, 11점 이념 척도에서 응답자가 자유한국당, 바른미래당, 혹은 민주평화당 당원일 경우 응답자가 평균적으로 더불어민주당 당원일 경우보다 각각 2.28점, 1.55점, 0.78점 더 큰 이념 점수를 선택했으며, 응답자가 정의당 당원일 경우에는 평균적으로 응답자가 더불어민주당 당원일 경우보다 0.64점 더 작은 이념 점수를 선택했다. 이는 모두 통계적으로 유의한

〈표 6〉 정치적 이념에 대한 회귀분석 결과

	정치적 이념
정당(기준: 더불어민주당)	
자유한국당	2.28*** (0.17)
바른미래당	1.55*** (0.26)
민주평화당	0.78* (0.35)
정의당	−0.64* (0.26)
기타 정당	0.52 (0.29)
성별(기준: 남성)	
여성	−0.30* (0.12)
연령(기준: 20대)	
30대	0.05 (0.23)
40대	−0.11 (0.22)
50대	−0.17 (0.22)
60대 이상	0.45 (0.24)
가구소득(기준: 200만 원 이하)	
200~400만 원	−0.15 (0.20)
400~600만 원	−0.24 (0.21)
600~800만 원	−0.30 (0.22)
800만 원 이상	0.13 (0.25)
교육(기준: 고졸 이하)	
대학교 졸업	−0.42** (0.15)
대학원 졸업	−0.36 (0.21)
거주지(기준: 수도권)	
경인	−0.30 (0.18)
강원	−0.64 (0.36)
충청	−0.23 (0.22)
영남	−0.19 (0.19)
호남	−0.60** (0.21)
제주	−0.59 (0.48)
상수	4.75*** (0.31)
분석수	1,273
R^2	0.22

주: * p<.05, ** p<.01 *** p<.001. 괄호 안에 있는 숫자는 표준오차

결과였다. 둘째, 여성당원이 남성당원이 진보적인 성향이 강했다. 여성 당원일 경우 다른 변수들의 효과가 통제되었을 때 평균적으로 남성 당원보다 0.30점 더 진보적이었다. 셋째, 예상했던 것과는 달리 세대 간 당원들의 이념적 차이가 뚜렷하게 드러나지 않았다. 어떠한 연령대의 당원들도 20대 당원들보다 통계적으로 유의하게 보수적이거나 진보적이지 않았다. 다만, 60대 이상 당원들이 20대 당원들보다 보수적이라는 성향만이 통계적으로 유의한 결과에 근접했을 뿐이다. 넷째, 당원들의 가구소득이 정치적 이념에 미치는 효과는 발견하지 못했지만, 대학교 졸업의 학력을 가진 당원들이 고등학교 졸업 이하의 학력을 가진 당원들보다 진보적인 것으로 나타났다. 다른 모든 변수들의 효과를 통제했을 경우, 대학교를 졸업의 학력을 가진 당원들의 정치적 이념이 평균적으로 고등학교 졸업 이하의 당원들보다 0.42점 더 진보적이었다. 마지막으로 거주지 변수 중에서 호남만이 유일하게 통계적으로 유의한 결과를 나타냈다. 당원이 호남에 거주하는 경우, 다른 변수들의 효과를 통제했을 때, 서울에 거주하는 당원들보다 평균적으로 0.60점 더 진보적인 것으로 나타났다.

〈표 7〉은 당원들의 경제 이슈에 대한 순서형 로지스틱 회귀분석(ordered logistic regression) 결과이다. "저소득층 복지지출", "고등학교 무상교육", "고소득자 과세"에 대한 질문에 대한 응답자의 선택항목에 따라 1(매우 찬성)부터 5(매우 반대)까지의 값을 부여한 순서형 변수를 종속변수로 채택했기 때문에 순서형 로지스틱 회귀분석을 사용했으며, 회귀계수에 대한 해석을 용이하게 승산비(odds ratio)를 함께 표시했다. 종속변수의 값이 높아질수록 해당 이슈에 대해 보수적인 태도를 가지는 것을 의미하기 때문에 계수의 값이 양수면 독립변수의 응답자에게 보수적 태도를 가지는 효과를 가진다는 것이며, 계수의 값이 음수면 독립변수가 응답

〈표 7〉 경제이슈에 대한 순서형 로지스틱 회귀분석 결과

	저소득층 복지지출		고등학교 무상교육		고소득자 과세	
	계수	승산비	계수	승산비	계수	승산비
정당						
자유한국당	0.38* (0.16)	1.46	0.51** (0.16)	1.66	0.58** (0.17)	1.79
바른미래당	0.52* (0.24)	1.69	0.74** (0.24)	2.09	0.91*** (0.24)	2.48
민주평화당	0.58 (0.33)	1.78	0.27 (0.33)	1.31	0.38 (0.32)	1.47
정의당	−0.34 (0.25)	0.71	−0.42 (0.25)	0.66	−0.11 (0.27)	0.90
기타 정당	−0.54* (0.26)	0.58	−0.03 (0.27)	0.97	0.42 (0.28)	1.52
정치적 이념	0.22*** (0.03)	1.25	0.23*** (0.03)	1.26	0.30*** (0.03)	1.35
성별						
여성	0.62*** (0.11)	1.85	0.43*** (0.11)	1.54	−0.02 (0.12)	0.98
연령						
30대	0.04 (0.20)	1.04	−0.28 (0.20)	0.75	0.45 (0.23)	1.56
40대	0.02 (0.19)	1.02	−0.42* (0.19)	0.65	0.25 (0.22)	1.29
50대	0.33 (0.19)	1.40	0.22 (0.19)	1.25	0.22 (0.22)	1.24
60대 이상	0.78*** (0.22)	2.19	0.79*** (0.21)	2.21	0.72** (0.24)	2.06
소득						
200~400만 원	0.41* (0.19)	1.50	0.03 (0.18)	1.03	0.14 (0.20)	1.15
400~600만 원	0.35 (0.19)	1.41	−0.06 (0.19)	0.95	0.14 (0.21)	1.16
600~800만 원	0.66** (0.21)	1.94	0.20 (0.20)	1.22	0.19 (0.22)	1.21
800만 원 이상	0.62** (0.23)	1.86	0.46* (0.23)	1.58	0.43 (0.24)	1.54
교육						
대학교 졸업	0.21 (0.14)	1.24	0.14 (0.14)	1.15	0.05 (0.15)	1.05
대학원 졸업	0.50* (0.20)	1.66	0.12 (0.20)	1.13	0.12 (0.21)	1.12
거주지						
경인	0.05 (0.16)	1.05	−0.01 (0.16)	0.99	−0.14 (0.17)	0.87
강원	−0.05 (0.33)	0.95	0.20 (0.32)	1.23	−1.06** (0.39)	0.35
충청	0.10 (0.20)	1.10	−0.01 (0.19)	0.99	0.02 (0.21)	1.02
영남	0.04 (0.17)	1.04	−0.20 (0.17)	0.82	−0.66*** (0.18)	0.52

호남	0.17 (0.19)	1.19	−0.07 (0.19)	0.93	−0.04 (0.20)	0.97
제주	−0.14 (0.42)	0.87	−0.49 (0.45)	0.61	−1.12 (0.57)	0.33
절사점1	0.93(0.31)		0.37(0.31)		1.87(0.34)	
절사점2	2.89(0.32)		2.19(0.31)		3.37(0.35)	
절사점3	4.59(0.34)		3.65(0.33)		4.95(0.37)	
절사점4	6.11(0.37)		5.20(0.36)		6.51(0.43)	
분석수	1,273		1,273		1,273	
Pseudo R2	0.06		0.08		0.09	

주: * $p<.05$, ** $p<.01$ *** $p<.001$. 괄호 안에 있는 숫자는 표준오차.

자에게 진보적 태도를 가지는 효과가 있다는 것이다.

첫 번째로 자유한국당과 바른미래당 당원들은 정치적 이념과 인구사회학적 변수들의 영향력을 통제하더라도 더불어민주당 당원들보다 경제 이슈에 있어서 더 보수적인 태도를 나타냈다. 예를 들어, 종속변수가 저소득층 복지지출에 대한 찬반여부인 경우 다른 모든 변수들의 효과를 통제했을 때, 응답자가 자유한국당 당원이거나 바른미래당 당원이면 응답자가 더불어민주당 당원인 경우보다 평균적으로 한 단계 더 부정적인 항목을 선택할 할 가능성이 각각 1.46배, 1.69배 커졌다. 종속변수가 고소득자 과세일 경우에는 자유한국당 당원과 바른미래당 당원이 평균적으로 더불어민주당 당원보다 부정적인 대답을 선택하는 경향이 각각 1.79배, 2.48배까지 증가했다. 여기서 한 가지 주목할 점은 정치적 이념과 인구사회학적 요인이 미치는 영향력을 통제하면, 경제 이슈에 대해서 바른미래당 당원들이 자유한국당 당원들보다 평균적으로 더 보수적인 태도를 가진다는 것이다. 반면에 민주평화당 혹은 정의당 당원들이 더불어민주당 당원보다 경제 이슈에 있어서 더 보수적이거나 진보적인 태도를 가진다는 통계적인 결과는 나타나지 않았다. 비록 모든 세 가지 이슈에 대한 민주평화당과 정의당의 계수방향이 정치적 이념과 같은 방향을 보여 주지만 통계적으로 유의한 결과는 아니었다.

두 번째로 예상한 바와 같이 당원들은 주관적 이념 평가와 일관된 경제이슈에 대한 태도를 나타냈다. 다른 모든 변수들의 효과를 통제했을 때, 설문 응답자의 정치적 이념점수가 1만큼 커지면, 저소득층 복지지출, 고등학교 무상교육, 고소득자 과세 정책에 대해 부정적인 대답을 선택할 가능성이 평균적으로 각각 1.25배, 1.26배, 1.35배 커졌다. 즉, 당원의 이념성향이 보수적일수록 시장경제에 개입하는 정부정책에 대해 더 부정적인 태도를 가진다는 것이다.

세 번째로 모든 경제 이슈에 있어서 60대 이상 당원들이 20대 당원들보다 보수적인 것으로 드러났다. 설문 응답자가 60대 이상의 당원인 경우 다른 변수들의 효과가 통제된 상태에서 20대 당원들보다 저소득층 복지지출, 고등학교 무상교육, 고소득자 과세에 대해 부정적인 대답을 선택할 가능성이 평균적으로 각각 2.19배, 2.21배, 2.06배 증가했다.

네 번째로 여성 당원들이 남성 당원들보다 경제이슈에 있어서 더 보수적인 태도를 가지고 있었다. 설문 응답자가 여성 당원이면 응답자가 남성 당원인 경우보다 저소득층 복지지출과 고등학교 무상교육에 대해 부정적인 답변을 할 가능성은, 다른 변수들의 효과를 통제했을 때, 평균적으로 각각 1.85배와 1.54배 증가했다.

마지막으로 나머지 통계적으로 유의한 인구사회학적 변수들을 살펴보면, 저소득층 복지지출이 종속변수인 경우 가구소득이 600만 원 이상이거나 대학원 졸업의 학력을 가진 당원들이 가구소득이 200만 원 이하이거나 고등학교 졸업 이하의 학력을 가진 당원들보다 더 보수적인 태도를 취했으며, 고소득자 과세가 종속변수인 경우 강원과 영남에 거주하는 당

〈표 8〉 외교안보 이슈에 대한 순서형 로지스틱 회귀분석 결과

	한미동맹관계 강화		국가보안법 폐지		북한과의 경제협력	
	계수	승산비	계수	승산비	계수	승산비
정당						
자유한국당	0.40* (0.16)	1.50	0.98*** (0.16)	2.65	1.10*** (0.16)	3.01
바른미래당	0.52* (0.24)	1.68	0.64** (0.24)	1.89	0.69** (0.24)	2.00
민주평화당	−0.10 (0.31)	0.91	0.01 (0.32)	1.01	−0.20 (0.32)	0.82
정의당	−0.71** (0.24)	0.49	−0.68** (0.24)	0.51	−0.40 (0.25)	0.67
기타 정당	−0.66* (0.29)	0.52	0.03 (0.27)	1.03	0.48 (0.26)	1.61
정치적 이념	0.24*** (0.03)	1.28	0.37*** (0.03)	1.45	0.39*** (0.03)	1.48
성별						
여성	−0.24* (0.11)	0.79	0.25* (0.11)	1.29	0.15 (0.11)	1.16
연령						
30대	−0.07 (0.21)	0.93	0.12 (0.20)	1.13	−0.48* (0.21)	0.62
40대	−0.44* (0.20)	0.64	0.02 (0.19)	1.02	−0.55** (0.20)	0.57
50대	−0.10 (0.20)	0.91	0.25 (0.19)	1.28	−0.55** (0.20)	0.58
60대 이상	0.42 (0.22)	1.53	0.90*** (0.22)	2.46	−0.21 (0.23)	0.81
소득						
200~400만 원	−0.24 (0.19)	0.79	−0.18 (0.18)	0.83	−0.21 (0.19)	0.81
400~600만 원	−0.30 (0.19)	0.74	−0.29 (0.19)	0.75	−0.19 (0.19)	0.83
600~ 800만 원	−0.15 (0.21)	0.86	0.08 (0.20)	1.08	−0.23 (0.20)	0.80
800만 원 이상	−0.16 (0.23)	0.85	0.01 (0.22)	1.01	−0.34 (0.23)	0.71
교육						
대학교 졸업	−0.18 (0.14)	0.83	−0.09 (0.14)	0.92	0.09 (0.14)	1.09
대학원 졸업	−0.17 (0.20)	0.84	0.15 (0.19)	1.17	−0.01 (0.19)	0.99
거주지						
경인	−0.03 (0.16)	0.97	0.23 (0.16)	1.26	0.11 (0.16)	1.12
강원	−0.10 (0.31)	0.90	0.67* (0.33)	1.95	−0.34 (0.33)	0.71
충청	−0.11 (0.20)	0.90	0.29 (0.20)	1.33	0.03 (0.20)	1.03
영남	0.08 (0.17)	1.08	0.10 (0.17)	1.10	−0.12 (0.17)	0.89

호남	−0.32 (0.19)	0.72	0.14 (0.18)	1.15	0.15 (0.19)	1.16
제주	0.14 (0.43)	1.15	0.29 (0.43)	1.34	−0.26 (0.45)	0.77
절사점1	−3.32(0.36)		0.25(0.31)		0.37(0.32)	
절사점2	−1.64(0.32)		1.61(0.32)		2.14(0.32)	
절사점3	0.66(0.32)		3.30(0.32)		3.86(0.34)	
절사점4	2.18(0.32)		4.62(0.34)		5.09(0.36)	
분석수	1,273		1,273		1,273	
Pseudo R^2	0.08		0.12		0.12	

주: * $p<.05$, ** $p<.01$ *** $p<.001$. 괄호 안에 있는 숫자는 표준오차

주: 1) * $p<.05$, ** $p<.01$ *** $p<.001$. 괄호 안에 있는 숫자는 표준오차

2) "한미동맹관계의 강화"에 대한 찬성은 보수적인 성향을 의미하기 때문에 다른 역으로 1(매우 반대)에서 5(매우 찬성)로 수량화했다.

원들이 서울에 거주하는 당원들보다 진보적인 태도를 보여 주었다.

〈표 8〉은 당원들의 외교안보 이슈에 대한 순서형 로지스틱 회귀분석(ordered logistic regression) 결과이다. 경제 이슈와 마찬가지로 종속변수의 값이 증가할수록 응답자가 해당 이슈에 대해서 보수적인 태도를 가진다는 것을 의미하기 때문에 계수의 값이 양수면 독립변수의 보수적 효과를, 계수의 값이 음수면 독립변수의 진보적 효과를 나타낸다.

우선, 민주평화당을 제외한 다른 네 개의 원내정당 당원들 간에 외교안보 이슈에 대한 명확한 차이가 드러났다. 자유한국당과 바른미래당 당원들은 더불어민주당 당원들보다 한미동맹관계 강화, 국가보안법 폐지, 북한과의 경제협력 활성화에 더 보수적 태도를 가졌으며 이는 통계적으로 모두 유의한 의미를 가졌다. 특히, 북한과의 경제협력에 대해서 자유민주당 당원들과 더불어민주당 당원들의 차이가 매우 뚜렷하게 나타났다. 정치적 이념과 인구사회학적 변수들의 효과를 통제했을 때, 설문의 응답자가 자유한국당 당원이거나 바른미래당 당원이면 설문 응답자가 더불어민

주당 당원인 경우보다 북한과의 경제협력 활성화에 부정적인 대답을 할 가능성이 각각 3배와 2배 정도나 커졌다. 반면에, 정의당 당원들은 더불어민주당 당원들보다 한미동맹관계 강화와 국가보안법 폐지에 있어서 진보적인 태도를 보여 주었다. 다른 변수들의 효과를 통제했을 때, 설문 응답자가 정의당 당원일 경우 응답자가 더불어민주당 당원인 경우보다 한미동맹관계 강화에 긍정적인 답변을 할 가능성과 국가보안법 폐지에 부정적인 답변을 할 가능성이 각각 0.49배와 0.51배로 줄어들었다. 더불어민주당과 민주평화당 당원들 간에는 외교안보 이슈에 대해서 통계적으로 유의한 차별성이 드러나지 않았다.

둘째, 경제 이슈와 마찬가지로 당원들이 자신의 정치적 이념을 보수적이라고 판단할수록 외교안보 이슈에 대해서 보수적인 태도를 보여 주었다. 다른 모든 변수들을 통제했을 때, 설문 응답자의 이념 점수가 1만큼 커질수록 한미동맹관계 강화, 국가보안법 폐지, 북한과의 경제협력 활성화에 대해서 보수적인 답변을 할 가능성이 각각 1.28배, 1.45배, 1.48배 커졌다. 더욱이 경제 이슈에 대한 회귀분석 결과와 외교안보 이슈에 대한 회귀분석 결과를 비교해 보면, 정치적 이념의 계수와 승산비의 값이 외교안보 이슈에 대한 회귀분석 결과에서 더 크게 나타났다. 즉, 정치적 이념이 외교안보 이슈에 미치는 영향력이 경제 이슈에 미치는 영향력보다 크다고 할 수 있다.

셋째, 20대 당원들은 경제 이슈와 달리 외교안보 이슈에 있어서 60대 당원들보다 진보적인 태도를 보여 주지는 않았다. 국가보안법 폐지에 대해서 20대 당원들이 60대 당원들보다 통계적으로 진보적인 태도를 가진다는 것이 통계적으로 나타나지만, 한미동맹관계 강화나 한미동맹관계 강화나 북한과의 경제협력에 대해서는 60대 당원들과 통계적으로 유의한 차이가 나타나지 않았다. 오히려, 다른 변수들의 효과를 통제했을 때, 20대 당원들이 평균적으로 다른 연령대의 당원들보다 북한과의 경제협력에 대해서 부정적인 답변을 선택할 가능성이 증가했으며, 30대, 40대, 50대 당원들보다 보수적인 성향은 통계적으로 유의한 결과였다.

넷째, 연령 변수 이외에 인구사회학적 변수들은 당원들의 외교안보 이슈에 대한 태도에 있어서 뚜렷한 경향을 드러내지 않았다. 여성 당원들은 남성 당원들에 비해서 한미동맹관계 강화에는 진보적인 태도를 취했지만, 국가보안법 폐지에는 보수적인 태도를 보여줬다. 당원들의 가구소득과 교육수준은 어떠한 외교안보 이슈에 대한 태도에 있어서도 통계적으로 유의한 효과를 가지지 않았으며, 강원에 거주하는 당원들이 서울에 거주하는 당원들에 비해서 국가보안법 폐지에 대해 부정적인 답변을 선택할 가능성이 높았다.

〈표 9〉는 당원들의 사회 이슈에 대한 순서형 로지스틱 회귀분석(ordered logistic regression) 결과를 정리한 것이다. 다른 이슈들과 마찬가지로 계수의 값이 양수면 독립변수의 보수적 효과를, 계수의 값이 음수면 독립변수의 진보적 효과를 의미한다. 전체적으로 정당과 정치적 이념, 인구사회학적 변수들이 당원들의 이슈에 대한 태도에 미친 영향력이 경제 이슈나 외교안보 이슈와는 다르게 나타나고 있다.

첫째, 낙태죄 폐지와 학교체벌 허용에 대해서 정치적 이념과 인구사회학적 변수들의 영향력을 통제했을 때, 자유한국당과 바른미래당 당원들과 더불어민주당 당원들 사이에는 통계적으로 유의한 태도의 차이가 나타나지 않았다. 경제와 외교안보와 관련된 6개의 모든 이슈에 있어서 두 정당의 당원들이 더불어민주당 당원들에 비해서 보수적인 태도를 보인 것과는 다른 결과였다. 동성애자 권리보장에 대해서는 자유한국당 당원

〈표 9〉 사회 이슈에 대한 순서형 로지스틱 회귀분석 결과

	낙태죄 폐지		학교체벌 허용		동성애자 권리보장		원자력발전소 폐지	
	계수	승산비	계수	승산비	계수	승산비	계수	승산비
정당								
자유한국당	0.30 (0.16)	1.35	0.12 (0.16)	1.13	0.38* (0.16)	1.46	1.08*** (0.16)	2.93
바른미래당	−0.16 (0.24)	0.85	−0.20 (0.24)	0.82	0.21 (0.24)	1.23	1.03*** (0.24)	2.81
민주평화당	−0.21 (0.30)	0.81	0.71* (0.32)	2.03	−0.22 (0.32)	0.81	0.34 (0.30)	1.40
정의당	−0.24 (0.22)	0.78	−0.64** (0.23)	0.53	−0.81*** (0.25)	0.45	−0.71** (0.24)	0.49
기타 정당	−0.08 (0.26)	0.92	−0.57* (0.26)	0.57	−0.53* (0.27)	0.59	0.06 (0.28)	1.07
정치적 이념	0.10*** (0.03)	1.10	0.18*** (0.03)	1.19	0.21*** (0.03)	1.23	0.24*** (0.03)	1.27
성별								
여성	−0.62*** (0.11)	0.54	−0.39*** (0.11)	0.68	−0.18 (0.11)	0.84	−0.72*** (0.11)	0.49
연령								
30대	0.68** (0.21)	1.97	−0.40* (0.20)	0.67	0.26 (0.21)	1.30	−0.25 (0.20)	0.78
40대	0.90*** (0.20)	2.45	−0.31 (0.20)	0.74	0.97*** (0.20)	2.64	−0.13 (0.19)	0.88
50대	1.01*** (0.20)	2.75	0.10 (0.19)	1.11	1.43*** (0.20)	4.16	0.63** (0.19)	1.88
60대 이상	1.13*** (0.22)	3.11	0.19 (0.22)	1.21	1.95*** (0.22)	7.05	1.26*** (0.22)	3.51
소득								
200~400만 원	−0.32 (0.18)	0.73	0.04 (0.18)	1.04	0.05 (0.18)	1.05	0.10 (0.19)	1.10
400~600만 원	−0.31 (0.18)	0.73	0.10 (0.18)	1.11	−0.06 (0.19)	0.94	0.20 (0.19)	1.22
600~800만 원	−0.40 (0.20)	0.67	0.17 (0.20)	1.18	0.01 (0.20)	1.01	0.37 (0.20)	1.45
800만 원 이상	−0.05 (0.22)	0.95	0.36 (0.22)	1.43	0.15 (0.22)	1.17	0.41 (0.23)	1.51
교육								
대학교 졸업	−0.11 (0.14)	0.90	−0.25 (0.14)	0.78	0.16 (0.14)	1.17	0.14 (0.14)	1.15
대학원 졸업	0.27 (0.19)	1.31	−0.37* (0.19)	0.69	0.23 (0.19)	1.26	0.31 (0.19)	1.37
거주지								
경인	0.02 (0.16)	1.02	−0.20 (0.16)	0.82	0.15 (0.16)	1.17	−0.06 (0.16)	0.94
강원	−0.32 (0.31)	0.72	0.26 (0.32)	1.30	0.10 (0.32)	1.10	−0.01 (0.32)	0.99
충청	−0.33 (0.20)	0.72	0.17 (0.19)	1.19	0.11 (0.19)	1.12	0.32 (0.20)	1.38
영남	−0.12 (0.17)	0.89	−0.14 (0.17)	0.87	0.12 (0.17)	1.12	0.14 (0.17)	1.15

호남	−0.10 (0.19)	0.90	0.33 (0.19)	1.39	0.44* (0.19)	1.55	0.13 (0.19)	1.14
제주	0.34 (0.41)	1.40	−0.59 (0.40)	0.56	0.33 (0.40)	1.38	0.37 (0.42)	1.44
절사점1	−0.78(0.31)		−2.00(0.32)		−0.25(0.31)		−0.47	
절사점2	0.74(0.31)		−0.70(0.32)		1.31(0.31)		0.90	
절사점3	2.25(0.32)		0.69(0.32)		3.03(0.32)		2.66	
절사점4	3.65(0.33)		2.66(0.32)		4.11(0.33)		3.70	
분석수	1,273		1,273		1,273		1,273	
Pseudo R^2	0.04		0.04		0.08		0.12	

주: * $p<.05$, ** $p<.01$ *** $p<.001$. 괄호 안에 있는 숫자는 표준오차

들이 더불어민주당 당원들보다 보수적인 성향을 보여 주었지만, 바른미래당과 더불어민주당 당원들 사이에는 통계적인 차이가 나타나지 않았다. 다만, 원자력발전소 폐지에 대해서는 자유한국당과 바른미래당 당원들의 보수적인 성향이 명확히 드러났다. 설문 응답자가 자유한국당 혹은 바른미래당 당원일 경우 다른 효과를 통제했을 때, 더불어민주당 당원들보다 원자력발전소 폐지에 대해서 부정적인 대답을 선택하는 경향이 평균적으로 거의 3배 가량 증가했다. 이는 아마 원자력발전소 폐지가 문재인 대통령의 대표적인 선거 공약이기도 하고 다른 사회 이슈들과는 달리 경제적인 문제와 밀접하게 연관되어 있기 때문에 나타난 결과라고 추정된다. 반면에, 정의당 당원들은 사회 이슈에 있어서 거의 일관적으로 더불어민주당 당원들보다 더 진보적인 성향을 드러냈다. 다른 변수들의 효과를 통제했을 때, 정의당 당원들은 더불어민주당 당원들에 비해서 학교체벌 허용에 대해서 부정적인 대답을, 동성애자 권리보장과 원자력발전소 폐지에 대해서 긍정적인 대답을 선택하는 성향이 강하게 나타났다. 민주평화당 당원들은 학교체벌 허용에 있어서만 더불어민주당 당원들보다 보수적인 성향을 드러냈다.

둘째, 다른 이슈들과 마찬가지로 당원들의 사회 이슈에 대한 태도는 주관적 이념평가와 일치하게 나타났다. 설문 응답자의 정치적 이념점수가 매우 보수(10점)에 가까워질수록 낙태죄 폐지, 동성애자 권리보장, 원자력발전소 폐지에 대해서는 찬성하는 의견을, 학교체벌 허용에 대해서는 반대하는 의견을 표명하는 경향이 있었다. 하지만, 낙태죄 폐지와 학교체벌 허용에 대한 정치적 이념의 계수와 승산비의 값을 다른 이슈들에 대한 값과 비교해 보면, 이 두 이슈에 대한 이념적 효과가 상대적으로 약했다.

셋째, 여성 당원들은 사회적 이슈에 대해서 남성 당원들보다 진보적인 태도를 갖고 있었다. 설문 응답자가 여성 당원일 경우 다른 변수들의 효과를 통제했을 때, 낙태죄 폐지, 학교체벌 허용, 원자력발전소 폐지에 대해서 보수적인 대답을 선택할 가능성이 평균적으로 각각 0.54배, 0.68배, 0.49배로 줄어들었다. 동성애자 권리보장에 대해서도 여성 당원들은 남성 당원들에 비해서 진보적인 태도를 보였지만, 이는 통계적으로 유의한 결과는 아니었다. 이러한 사회 이슈에 대한 여성 당원들의 진보적인 태도는 앞에서 언급한 경제 이슈에 대한 보수적인 태도와는 대비된다.

넷째, 낙태죄 폐지, 동성애자 권리보장, 원자력발전소 폐지에 대한 60대 당원들의 보수적인 태도가 명확히 드러났다. 설문 응답자가 60대 이상의 당원이면 다른 모든 변수들의 효과가 통제된 상태에서 낙태죄 폐지와 동성애자 권리보장, 원자력발전소 폐지에 대해서 20대 당원들보다 부정적인 대답을 선택할 가능성이 각각 3.11배, 7.05배, 3.51배나 증가했다. 또한, 30대, 40대, 50대 당원들 모두 낙태죄 폐지와 동성애자 권리보장에 대해서 20대 당원들보다 보수적인 태도를 보여 주고 있었으며, 동성애자 권리보장에 대한 30대 당원들의 태도 외에는 통계적으로 유의한 결과였다. 다시 말해서, 여성 당원들과 마찬가지로 20대 당원들은 경제와 외교안보 이슈와 달리 사회이슈에 대해서 비교적 진보적인 태도를 보여 주고 있는 것이다. 하지만, 학교처벌 허용에 대해서는 20대 당원들이 30대 당원들보다 찬성하는 성향을 드러냈다.

다섯째, 나머지 인구사회학적 변수들은 사회 이슈에 대해 통계적으로 명확한 영향력이나 경향을 보이지 않았다. 다만, 대학원 졸업의 학력을 가진 당원들이 고등학교 졸업 이하 학력을 가진 당원들보다 학교체벌 허용에 대해 부정적이었으며, 호남에 거주하는 당원들은 서울에 거주하는 당원들에 비해서 동성애자 권리보장을 반대하는 성향을 가지고 있었다.

종합컨대, 위의 연구결과를 요약하면 다음과 같다. 첫째, 정당별 당원들의 이념 성향과 이슈태도의 차이가 분명히 나타났으며, 이를 통해 한국 정당이 이념 정당으로 자리 잡아가고 있음을 알 수 있었다. 둘째, 외교안보 이슈에 있어서 정당 간 당원들의 태도 차이가 가장 컸으며 이는 기존의 연구에서 지적하듯이 다른 어떤 이슈들보다 대북문제가 여전히 한국의 정당과 이념 집단을 구분하는 핵심 이슈라는 것을 증명하는 것이다. 셋째, 낙태, 학교 체벌, 동성애와 관련된 사회 이슈에 있어서는 정당 효과보다는 성별과 연령 효과가 통계적으로 중요하게 나타났다. 특히, 다른 이슈들과는 달리 당원들의 연령대가 젊을수록 사회 이슈에 대해서 진보적인 성향을 가지고 있었다. 이를 통해 당원들 내에서도 세대 간 이념 성향의 차이가 존재하며 만일 사회 이슈가 크게 한국 정치에서 부상된다면 이를 중심으로 정당의 재편성이 일어날 가능성을 엿볼 수 있었다. 마지막으로 여성과 20대 당원들은 사회 이슈에 대해서 진보적인 성향이 강했지만, 각각 경제 이슈와 외교안보 이슈에 있어서는 보수적인 성향을 가지고 있었다. 즉, 우리가 보수와 진보로 분류하는 이념들을 면밀하게 조사하기 위해서는 보다 다차원적인 이념 접근방식이 필요할 것이다.

V. 결론

본 연구는 우리나라 당원들의 이념 성향과 경제, 외교안보, 사회 이슈들에 대한 태도를 회귀분석을 통해서 분석했다. 그 결과, 외교안보 이슈를 중심으로 국회에 있는 주요 원내정당들의 당원들 간에 분명한 이념 성향과 이슈태도의 차이가 나타나는 것을 알 수 있었다. 인구사회학적 변수들의 효과를 통제하더라도 더불어민주당과 정의당 당원들은 다른 정당에 소속된 당원들에 비해서 진보적인 성향이 뚜렷했으며 자유한국당 당원들은 보수적인 성향을 가지고 있었다. 바른미래당과 민주평화당 당원들은 중도적인 성향이 강했지만, 바른미래당 당원들은 경제 이슈에 있어서는 자유한국당 당원들보다 보수적인 성향을 가지고 있었다. 또한, 낙태나 동성애와 같은 사회 이슈에 있어서는 당원들이 소속된 정당보다는 그들의 성별과 연령에 의해서 서로 다른 이슈태도를 갖는 것을 발견했다. 즉, 여성과 20대 당원들은 사회 이슈에 대해서 남성과 중장년층보다 진보적인 성향이 강했다.

이 연구는 지금까지 잘 알려지지 않았던 일반 당원들의 이념과 이슈태도를 체계적으로 검토하고 분석했다는 점에서 큰 의의를 지니지만 다음과 같은 문제점들을 가지고 있다. 첫째, 정당, 정치적 이념, 이슈태도 간에 내생적 문제(endogenous problem)가 존재하는 것이다. 즉, 당원들의 소속 정당은 정치적 이념과 정책 이슈들에 대한 태도에 영향을 미치기도 하지만 당원들이 그러한 이념 성향과 이슈태도를 가지고 있기 때문에 자신의 성향과 비슷한 정당을 선택하기도 한다(송진미·박원호 2014). 마찬가지로 당원들에 정치적 이념은 이슈 태도를 변화시키는 요인이 되기도 하지만 다양한 이슈들에 대한 태도들은 정치적 이념을 구성하는 요소이기도 하다. 그러므로 추후 연구에는 당원들의 이슈태도에 미치는 정당 효과와 이념 효과를 정확히 측정하기 위해서 이러한 내생적 문제를 통제할 방법이 고려되어야 할 것이다. 둘째, 표본 집단들 중에서 더불어민주당 당원들 이외에 다른 정당 당원들의 수가 너무 적었기 때문에 이들의 이념 성향과 이슈태도의 특성을 정확히 파악했다고 보기는 어렵다. 이런 문제점을 개선하기 위해서는 자유한국당, 바른미래당, 민주평화당, 정의당 당원들의 표본 수를 통계적으로 유의한 수준으로 늘려야하지만, 이 연구에서 채택했던 지역별, 성별, 연령별 비례할당의 무작위 추출 방식으로 이들 당원들의 적절한 표본 수를 확보하려면 설문 응답률과 정당 가입률을 고려할 때 백만 명 이상에게 조사 요청을 해야 하는 재정적인 문제가 발생한다. 셋째, 당원들의 이념 성향을 주로 일차원적인 자기이념평가에 의존해서 분석했지만, 당원들의 이슈 태도에 대한 조사 결과에서 드러났듯이 정치적 이념은 다차원적인 특성을 가지고 있다. 따라서 차기 연구에서는 당원들의 이념 성향을 요인 분석(factor analysis) 등의 방법을 이용해서 개별 정책 이슈에 대한 태도가 이념의 다차원성을 구성하는지 밝혀내도록 하겠다.

참고문헌

강원택. 2008. "한국 정당의 당원 연구: 이념적 정체성과 당내 민주주의." 『한국정치학회보』 42(2), 109-128.

강원택·성예진. 2008. "2017년 대통령 선거에서 이념과 세대: 보수 성향 유권자를 중심으로." 『한국정치연구』 27(1), 205-240.

길정아. 2013. "제19대 국회의원선거와 정당일체감: 유권자의 투표선택을 중심으로." 『한국정치연구』 22(1), 81-108

김영태. 2009. "당원의 이념적·정책적 태도와 정당경쟁구도." 『한국정당학회보』 8(1), 197-223.

류재성. 2013. "정치이념의 방향, 강도 및 층위." 『한국정당학회보』 12(1), 61-86.

박경미·한정택·이지호. 2012. "한국사회 이념갈등의 구성적 특성." 『한국정당학회보』 11(3), 127-154.

송진미·박원호. 2014. "이슈선점과 정당일체감: 제18대 대통령선거를 중심으로." 『한국정당학회보』 13(1), 5-31.

이갑윤·이현우. 2008. "이념투표의 영향력 분석: 이념의 구성, 측정, 그리고 의미." 『현대정치연구』 1(1), 137-166.

이내영. 2011. "한국사회 이념갈등의 원인: 국민들의 양극화인가, 정치엘리트들의 양극화인가?" 『한국정당학회보』 10(2), 251-287.

최준영·조진만. 2005. "지역균열의 변화 가능성에 대한 경험적 고찰: 제17대 국회의원선거에서 나타난 이념과 세대균열의 효과를 중심으로." 『한국정치학회보』 39(3), 375-394.

최효노. 2018. "한국 유권자의 이슈태도: 경제 및 복지 관련 정부역할에 대한 이데올로기적 미분화와 다차원성(multi-dimensionality." 『한국정당학회보』 17(4), 121-150.

한정훈. 2016. "한국 유권자의 이념성향: 통일의 필요성 인식에 미치는 효과에 관한 사례분석." 『한국정치학회보』 50(4), 105-126.

Ansolabehere, Stephen, Jonathan Rodden, and James M. Snyder. 2008. "The Strength of Issues: Using Multiple Measures to Gauge Preference Stability, Ideological Constraint, and Issue Voting." *The American Political Science Review* 102(2): 215-232.

Bélanger, Éric, and Bonnie M. Meguid. 2008. "Issue Salience, Issue ownership, and Issue-Based Vote Choice." *Electoral Studies* 27(3): 477-491.

Carsey, Thomas M, and Geoffrey C. Layman. 2006. "Changing Sides or Changing Minds? Party Identification and Policy Preferences in the American Electorate." *American Journal of Political Science* 50(2): 464-477.

Cohen, Geoffrey L. 2003. "Party Over Policy: The Dominating Impact of Group Influence on Political Beliefs." *Journal of Personality and Social Psychology* 85(5): 808-822.

Converse, Philip E. 1964. "The Nature of Belief System in Mass Publics." In *Ideology and Discontent*, edited by David E. Apter. New York: The Free Press of Glencoe.

Feldman, Stanley, and Christopher Johnston. 2014. "Understanding the Determinants of Political Ideology: Implications of Structural Complexity." *Political Psychology* 35(3): 337-358.

Gauja, Anika, and Emile van Haute. 2015. "Conclusion: Members and Activists of Political Parties in Comparative Perspective." In *Party Members and Activists*, edited by Emile van Haute and Anika Gauja, 186-201. Oxfordshire, United Kingdom: Routledge.

Koo, Sejin. 2018. "Can Intraparty Democracy Save Party Activism? Evidence from Korea." *Party Politics*. doi: 10.1177/1354068818754601.

Lavine, Howard, and Thomas Gschwend. 2006. "Issues, Party and Character: The Moderating Role of Ideological Thinking on Candidate Evaluation." *British Journal of Political Science* 37(1): 139-163.

Layman, Geoffrey C., and Thomas M. Carsey. 2002. "Party Polarization and "Conflict Extension" in the American Electorate." *American Journal of Political Science* 46(4): 786-802.

Mair, Peter, and Ingrid van Biezen. 2001. "Party Membership in Twenty European Democracies, 1980-2000." *Party Politics* 7(1): 5-21.

McCarty, Nolan, Keith T. Poole, and Howard Rosenthal. 2006. *Polarized America: The Dance of Ideology and Unequal Riches*. Cambridge, MA: MIT Press.

Miller, Arthurs H. Warren E. Miller, Alden S. Raine, Thad A. Brown. 1976. "A Majority Party in Disarray: Policy Polarization in the 1972 Election." *The American Political Science Review* 70(3): 753-778.

Schattschneider, E. E. 1942. *Party Government: American Government in Action*. New York: Farrar and Rinehart.

Stokes, Donald E. 1963. "Spatial Models of Party Competition." *The American Political Science Review* 57(2): 358-377.

Stokes, S. C. 1999. "Political Parties and Democracy." *Annual Review of Political Science* 2: 243-267.

Treier, Shawn and D. Sunshine Hillygus. 2009. "The Nature of Political Ideology in the Contemporary Electorate." *The Public Opinion Quarterly* 73(4): 679-703.

van Biezen, Ingrid, Peter Mair, and Thomas Poguntke. 2012. "Going, Going, ... Gone? The Decline of Party Membership in Contemporary Europe." *European Journal of Political Research* 51: 24-56.

Zaller, John R. 1992. *The Nature and Origins of Mass Opinion*. Cambridge, U.K.: Cambridge University Press.

제4장

당원들의 당파적 차이: 당원의 역할인식을 중심으로

유성진
이화여자대학교

I. 서론

최근 전세계적으로 대의민주주의의 위기가 다시금 화두가 되고 있다. 트럼프의 당선과 브렉시트 논란, 그리고 유럽 곳곳에서 불거진 혼란은 대의민주주의가 구조적인 차원에서 위기에 봉착하였음을 본격적으로 알리는 징후로 여겨지고 있다. 민주주의의 위기에 대한 논의가 전적으로 새로운 것은 아니지만, 현재의 상황은 구조적인 차원에서의 비판과 대안 모색으로 이어지고 있다는 점에서 과거와는 질적으로 다른 양상을 보인다. 냉전 이후 불과 30여 년이 지난 시점에서 현존하는 가장 우수한 정치체제라는 평가를 받던 민주주의가 구조적인 위기에 처해 있다는 진단은 우려가 되지 않을 수 없다.

단정적으로 말해 이러한 위기는 대의제의 작동이 원활히 이루어지지 않고 있음에 기인한 것이다. 유권자들에 의한 대표자의 선출과 위임, 정책실행과 이에 대한 평가를 중심으로 순환되는 과정을 통해 진행되는 대의민주주의의 성패는 유권자와 대표자 간의 연계가 얼마나 잘 이루어지느냐에 달려 있다. 대의민주주의에서 유권자와 대표자의 연계를 맡고 있는 대표적인 조직이 바로 정당인 바, 현재의 위기는 유권자와 대표 사이의 연계를 맡은 정당이 제 기능을 수행하지 못한 까닭에 기인한 바 크다(Levitsky and Ziblett 2018).

이러한 민주주의와 정당에 대한 위기에 있어서 우리나라도 예외가 아니다. 지난 정부의 국정농단에 분노한 시민들은 거리로 나섰고 탄핵과 선거라는 제도적 수단을 통해 정치권력의 교체에 성공하였다. 이러한 성취는 국민의 정치에 대한 관심은 물론 참여에의 의지를 크게 불러일으켰다. 그러나 이러한 성취가 우리의 정치와 정당에 대한 유권자들의 인식을 크게 변화시키지는 못하고 있다. 우리나라 유권자들의 정당에 대한 신뢰는 여전히 낮은 수준에 머무르고 있으며 이는 정당의 위기가 아직 진행 중임을 의미한다.

이러한 문제의식 아래 이 글은 정당에 직접 가입하고 있는 당원들이 정당의 활동과 스스로의 역할에 대해 어떻게 생각하고 있는지 검토하고, 이를 토대로 한국 정당의 문제점과 필요한 제안들을 살펴보는 것을 목적으로 한다. 당원은 의미 그대로 정당의 구성원으로서 현실 정치에 대해 높은 관심과 참여의지를 갖고 있는 이들이다. 때문에 이들이 민주주의와 정당, 그리고 스스로의 역할에 대해 어떠한 인식을 갖고 있는지 살펴보는 것은 현재의 문제와 위기에 대한 진단에 있어서 중요한 함의를 갖는다.

보다 구체적으로 이 글의 구성은 다음과 같다. II장에서는 현재 민주주의의 위기를 정당의 기능과 역할을 중심으로 기존 논의를 정리하고 적극적인 정치참여자로서 당원의 인식 검토가 왜 중요한지 제시한다. III장에서는 설문조사 결과를 토대로 우리나라의 당원이 정당의 활동에 있어서 스스로의 역할을 어떻게 인식하고 있는지 살펴본다. 더불어 스스로의 역할에 대한 당원의 인식이 정당의 소속정당별 그리고 당원의 활동기간 별로 어떠한 차이를 보이는지 검토한다. 마지막 IV장에서는 분석결과를 요약하고 이것이 한국 민주주의의 위기에 어떠한 의미를 갖는지 제시한다.

II. 이론적 논의: 민주주의의 위기와 정당 그리고 참여의 활성화

현재 전 세계를 강타하고 있는 민주주의의 위기는 아이러니하게도 대중의 폭발적인 참여 의지와 결부되어 있다. 유권자들의 선거를 통한 정치 행위자들로의 권한 위임과 이들의 정책실행, 그리고 다시 선거를 통한 보상과 처벌 등 일련의 순환과정으로 이루어지는 현대의 대의민주주의가 제대로 작동하지 않음에 따라, 유권자들의 소외와 불신이 강화되었고 급기야는 분노를 촉발하였다. 그 결과는 제도권 정치엘리트들에 대한 반감과 아웃사이더의 부상, 그리고 민주주의 여러 곳에서 목도되고 있는 이른바 '포퓰리즘'의 확산으로 이어졌다. 현실에서 목격되는 모습은 장소에 따라 다양하지만 현재 겪고 있는 위기의 근원에는 이렇듯 정치과정의 오작동에 대한 불신이 자리하고 있고 포퓰리즘의 발흥은 이에 따른 반작용인 것이다.[1]

전술했듯이 이러한 대의제 정치과정의 오작동은 대의민주주의의 대표적인 연계기관인 정당이 제 기능을 발휘하지 못한 데에 기인한 바 크다. 20세기 초 보통선거권의 확립을 계기로 간부정당에서 대중정당으로 이행한 현대의 정당체제는 이후 포괄정당, 선거전문가정당의 단계를 거쳐 카르텔정당으로 변모해 지금에 이르렀다(Katz and Mair 1995). 이러한 변화는 정치환경의 변화에 따라 지속적으로 제기되는 위기상황을 극복하기 위한 정당 스스로의 선택이었다. 변화의 대한 정당의 대응은 크게 두 가지 측면에서 나타났다.

첫째, 당원과 지지자들의 후원 중심에서 국고보조금을 통한 정당운영 방식의 변화이다. 대중정당으로 자리매김하면서 대의민주주의의 독점적인 지위를 확립했던 정당들은 기술발전에 이은 정보화사회의 도래로 인

1. 포퓰리즘에 대한 원인과 양상에는 차별적인 견해가 존재하지만, 그것이 "대중과 엘리트의 적대관계"로 규정짓고 기득권 정치엘리트의 몰락과 함께 대중의 직접적인 권력 행사를 주장하며 등장하였다는 점에서는 이견이 없다(Mudde 2016).

해 점차 독점적인 지위를 잃게 되었다. 유권자들은 다양한 의사소통채널을 통해 스스로의 의견을 표출할 수 있었고, 이에 따라 정당에 가입하여 '당원'으로서 정치과정에 참여하여야 할 유인이 크게 저하되었다. 이러한 위기에 대해 정당은 당원을 중심으로 한 방식에서 벗어나 국고보조금과 선거공영제를 통해 조직을 꾸려 가는 방식으로 운영방식을 변화하는 것으로 대처하였다.

이러한 변화는 정당의 운영을 위한 불가피한 선택이었지만 정당에서 당원의 중요성을 더욱 약화시키는 결과를 낳았다(Mair 1997). 더욱이 국고보조금에 의존한 정당운영방식은 거대정당에게 유리하지만 새로운 정당의 탄생과 성장에는 불리한 정치환경을 배태하여 폐쇄적인 정당체제를 고착화하는 부작용을 초래하였다. 게다가 이러한 상황은 정당이 당원뿐 아니라 유권자로부터 괴리되는 부정적인 결과로 이어졌다.

변화하는 정치환경에 따른 정당의 또다른 대응방식은 정당 내 의사결정과정의 변화였다. 정보화사회에 따른 새로운 정치환경의 도래로 인해 정당은 과거에 비해 더 똑똑하고 더 까다로운, 그리고 더 파편화된 유권자 집단을 마주하게 되었다. 이러한 상황으로 인해 정당은 대중정당으로서의 조직운영을 지속하는 데에 어려움을 겪게 되었고, 생존을 위해서는 보다 포괄적인 유권자층에게 매력적으로 다가갈 수 있어야 했다. 이에 정당은 유권자들과의 접촉면을 넓히고, 유권자들이 후보결정과 같은 정당의 의사결정과정에 직접적으로 참여할 수 있는 수단을 제도화함으로써 위기의 극복을 모색하였다. 구체적으로 이는 후보선출 절차를 분권화하고 참여에의 개방성을 높임으로써 당원 및 유권자들의 폭넓은 참여를 유도하는 것으로 나타났다.

후보선출과정에서 참여의 개방성이 정당정치에 어떠한 결과를 가져왔는지에 관해서는 의견이 엇갈리고 있다. 한편에서는 참여의 개방성 증진이 당내 경쟁에 대한 유권자들의 관심을 높이고 이것이 다시 후보선출과정의 민주화를 촉진시켜 경쟁력 있는 후보들을 양산하는 선순환구조를 창출함으로써 결국 대의민주주의의 원활한 작동에 기여한다고 본다(전용주 2005, Adams and Merrill III 2008). 그러나 다른 한편에서는 지지기반이 취약하여 책임정당을 구현할 만한 인적 토대가 부족한 현실에서, 후보와 일반 당원 및 유권자 사이의 직접적인 연계 강화는 결국 정당 내부의 응집력과 규율을 약화시키고 궁극적으로는 책임정치를 훼손하기 쉽다는 주장 역시 존재한다(윤종빈 2011, 장훈 2002, 지병근 2010, Geer and Shere 1992).

이 글의 논지에 관련하여 한 가지 분명한 사실은 개방성을 높이고 분권화된 후보선출방식의 도입이, 의사결정과정에서 유권자들과 당원의 영향력을 높이기보다는 오히려 선출과정에의 규칙과 방법에 대한 권한을 가진 지도부의 영향력을 강화하는 결과로 이어졌다는 점이다. 개방성을 강화함으로써 유권자들과의 접촉면을 확대하려는 시도가 역설적으로 지도부의 영향력 강화를 가져왔고, 결국에는 정당운영방식의 경우와 마찬가지로 당원의 영향력 약화와 함께 유권자들과의 괴리를 한층 높이는 결과로 이어진 것이다.

이렇듯 정치환경의 변화 속에서 스스로의 생존을 위해 시도했던 정당의 대응은 애초에 의도했던 바와 달리 정치에 대한 유권자들의 불신해소로 이어지지 못했던 반면, 의도치 않게 조직으로서 정당의 기반을 취약하게 만들었다. 정당은 지지유권자들의 참여를 바탕으로 한 조직으로서가 아니라 유권자들로부터 괴리된 권력집단이 되어버렸고, 이는 정당이 그 기원과 달리 대의민주주의의 원활한 작동을 위한 연계기관으로의 역할을 더 이상 유지하지 못하고 있음을 의미한다.

그러나 한편으로 현재의 상황은 민주주의가 또다른 기회를 맞고 있음을 보여 준다. 대의민주주의에 기반한 정치과정의 오작동은 시민들로 하여금 정치와 정당에 대한 불신과 불만을 갖게 만든 것이 사실이지만, 그것이 시민들을 정치로부터 멀어지게 한 것은 아니었다. 시민들은 정치와 정당에 대한 불신을 계기로 냉소적인 유권자로 머무르는 것이 아니라 위기에 처한 민주주의를 구해내기 위해서 자발성에 기반한 참여의지를 적극적으로 표출하고 있다.

우리의 경우에도 이러한 경향은 폭발적인 모습으로 나타났다. 즉, 2002년과 2008년, 그리고 2016년에 이르기까지 우리의 시민들은 민주주의가 위기에 처할 때마다 다양한 참여의 수단을 통해 적극적으로 목소리를 내곤 하였다. 물론 그러한 참여가 정당 등 기존 정치제도를 통한 것은 아니었지만 능동적인 참여의 모습을 보여 준 것은 부인할 수 없는 사실이다.[2]

제도 밖 참여와 더불어 중요한 사실은 이러한 참여가 기존 정치제도를 우회하는 모습에 그쳤던 것이 아니라는 점이다. 민주화 이후 줄곧 하락추세를 보이던 우리나라의 투표율은 2010년을 기점으로 증가세로 돌아섰으며 대통령선거와 국회의원선거, 그리고 지방선거 등 모든 수준의 선거에서 회복하는 모습을 보이고 있다.[3] 이러한 모습은 정당에의 참여에서도 목도되는데 최근 우리나라에서 당원의 수는 지속적으로 증가하고 있다

2. 2016년과 2017년에 걸쳐 진행된 촛불집회는 그 규모에 있어서 놀라운 것이다. 2016년 11월부터 7개월가량 총 23회에 걸쳐 진행된 촛불집회의 누적 참여인원은 무려 1,700만여 명에 달했다.
3. 중앙선거관리위원회의 자료에 따르면 2017년 19대 대선의 투표율은 77.2%로 나타나 민주화 이후 가장 낮은 투표율을 보였던 2007년의 63.0%에 비해 크게 높아졌다. 이러한 경향은 2008년 46.1%까지 하락하였던 총선 투표율이 2016년 20대에서는 58.0%로 높아졌고, 2002년 48.9%였던 지방선거의 투표율이 2018년 60.2%를 기록하였다는 점에서도 확인된다.

는 점이 이를 보여 준다. 중앙선거관리위원회의 자료에 따르면 2017년 우리나라의 당원 수는 7,507,952명으로 인구수 대비 14.5%, 선거인수 대비 17.6%에 달한다. 이는 10년 전인 2007년과 비교할 때 두 배 이상 증가한 수치이며, 탄핵 직전인 2016년과 비교했을 때도 140만 명 이상 증가한 것이다.

이러한 모습들은 정치와 정당에 대한 불신 속에서도 유권자들은 대의민주주의에 대한 믿음과 회생가능성을 여전히 가지고 있음을 보여 주는 것이다. 또한 이는 우리의 정당들이 이러한 믿음에 부응하여 현재 목격되는 정치과정의 오작동을 바로잡는다면 대의민주주의의 중심행위자로 다시금 자리매김할 여지가 있음을 의미한다. 이러한 맥락에서 이 글은 정당에 직접 참여하고 있는 당원들의 역할인식을 검토한다. 앞에서 언급했듯이 당원들은 현실 정치에 대한 높은 관심과 참여의지를 갖고 있는 이들이다. 때문에 이들이 정당 내에서 스스로의 역할을 어떻게 생각하고 있는지 파악하는 것은 정당개혁의 측면에서뿐 아니라 대의민주주의의 복원을 위해서 중요한 단서를 제공해줄 것이다.

III. 한국 정당 당원들의 특성과 역할인식: 정당별 차이를 중심으로

1. 한국 정당 당원의 특성

이 글에서 사용하는 분석자료는 명지대학교 미래정치연구소의 의뢰로 한국리서치가 수행한 "한국형 정당모델 탐색을 위한 국민인식조사"이다.

2019년 2월 1일부터 15일까지 한국리서치의 자체 패널을 대상으로 웹서베이의 형태로 진행된 이 조사의 총 응답자는 22,279명이다.[4] 이 중 스스로를 정당의 당원이라고 응답한 이들은 총 1,294명이다.

조사결과의 분석에 앞서 우리나라 정당의 공식적인 집계 당원 수에 대한 현황을 알아보았다. 중앙선거관리위원회의 자료를 토대로 〈표 1〉에 정리된 결과를 보면, 2017년 기준 우리나라의 총 당원수는 750만 명을 조금 상회하며 이는 전체 유권자 대비 17.6%에 달하는 수치이다. 전체 당원의 90% 이상은 더불어민주당과 자유한국당에 소속되어 있었는데 그 비율은 각각 47.5%, 43.0%로 나타났다. 그 외 국민의 당이 전체 당원 대비 3.8%를 차지하고 있었다.

〈표 2〉는 이 글의 분석에 사용된 조사의 당원분포를 정리한 결과이다. 먼저 정당에 따른 지지비율은 더불어민주당 29.8%, 자유한국당 13.0%, 정의당 6.3%의 순서로 나타났고,[5] 당원의 비율은 더불어민주당과 자유한국당의 경우 각각 전체 응답자의 3.4%, 1.3%로 나타났다. 〈표 1〉의 결과와 비교해 보면, 전체 대비 당원의 비율은 선거관리위원회 집계보다 조사결과가 절반 이하로 나타났고, 당원 수에서 더불어민주당이 자유한국당을 압도하고 있다는 점이 주목할 만한 차이이다. 더불어 전체적으로 45%에 달하는 응답자들이 지지정당이 없다고 답하였다는 점도 일반 여론조사의 결과와 차이가 나는 수치이다.[6]

4. 응답율은 총 24만 명인 조사요청자 대비 9.3%이다.
5. 이는 유사한 시기 조사된 정당지지율과 약간의 차이가 있다. 2월 둘째 주 한국갤럽에서 조사된 결과를 보면 더불어민주당 40%, 자유한국당 19%, 바른미래당과 정의당이 각각 8%를 차지하고 있었다. 이는 일정 부분 설문문항의 차이에게 기인한다. 즉, 본 조사와는 달리 한국갤럽의 조사에서는 무당파의 비율을 줄이기 위해 지지정당 여부를 한번 더 물어보는 방식을 취한다.
6. 한국갤럽의 조사에 따르면 우리나라의 무당파층은 2018년 이후 줄곧 25% 안팎을 기록하고 있다.

〈표 1〉 당원의 현황과 분포: 중앙선거관리위원회 기준

	당원수	당원 대비 비율	유권자 대비 비율
더불어민주당	3,568,111	47.5	8.36
자유한국당	3,277,708	43.0	7.57
바른정당	67,053	0.9	0.16
국민의당	285,023	3.8	0.67
정의당	40,362	0.5	0.09
전체	7,507,952	100.0	17.6

자료: 중앙선거관리위원회. 〈2017년 정당의 활동개황 및 회계보고〉

〈표 2〉 당원의 현황과 분포: 조사기준

	지지정당	소속정당	전체 당원 대비 비율
더불어민주당	29.8 (6,629)	3.4 (768)	59.3 (768)
자유한국당	13.0 (2,901)	1.3 (284)	21.9 (284)
바른미래당	3.9 (871)	0.3 (77)	5.9 (77)
민주평화당	1.0 (222)	0.2 (44)	3.4 (44)
정의당	6.3 (1,403)	0.3 (62)	4.8 (62)
기타	0.5 (112)	0.3 (60)	4.6 (60)
없음	45.5 (10,140)	94.2 (20,985)	
전체	(22,279)		(1,294)

주: 수치는 해당 항목의 퍼센트(%), 괄호 안은 사례수.

다음으로 정당별 당원들이 사회적 특성에서 어떠한 차이를 보이는지 살펴보았으며 그 결과는 〈표 3〉에 정리되어 있다. 먼저 성별에 있어서는 응답자 전체와 비교해 보았을 때 남성의 당원비율이 높다는 점을 제외하고는 별다른 특기사항이 없었고 정당별로도 정의당을 제외하고는 그다지 차이가 나지 않았다. 연령에 있어서는 더불어민주당이 40대와 50대에서 상대적으로 높은 당원비율을 보였던 반면, 자유한국당 당원의 절반 이상은 60대 이상의 응답자들이었다는 점이 특기할 만하다. 이러한 차이는 평균연령에서도 나타나는데 더불어민주당 당원의 평균연령이 46.6세인데

반해, 자유한국당은 55.4세의 평균연령을 보여 그 차이가 두드러졌다. 학력에 있어서는 전체 응답자와 비교해서 그리고 정당별로도 두드러진 차이가 없었으나, 계층에 있어서는 바른미래당과 정의당의 당원 중 상위계층의 비율이 상대적으로 높게 나타났다.

다음으로 각 정당의 당원들이 정당 활동이라는 측면에서 어떠한 차이를 보이는지 살펴보았으며 그 결과는 〈표 4〉에 제시되어 있다. 분석에 포함된 정당활동은 당비납부, 납부액, 활동기간, 그리고 정당 내에서의 역할 등 모두 네 가지 항목으로 구성되어 있다. 먼저 당비납부의 내용을 살펴보면, 더불어민주당과 정의당 당원의 당비납부 비율이 각각 65.4%와 83.9%로 50% 중반대를 기록한 자유한국당과 바른미래당에 비해 높게 나

〈표 3〉 정당별 당원들의 차이: 사회적 측면

		더불어 민주	자유한국	바른미래	정의	당원전체	응답자 전체
성별	남성	56.1	55.6	55.3	67.7	56.6	49.6
	여성	43.9	44.4	44.7	32.3	43.4	50.4
연령	19~29세	13.4	6.0	16.9	13.1	11.5	17.3
	30~39세	17.8	7.4	16.9	21.3	15.2	16.9
	40~49세	23.3	13.0	16.9	34.4	20.9	19.7
	50~59세	26.6	19.7	18.2	21.3	23.9	20.0
	60세 이상	18.9	53.9	31.2	9.6	28.5	26.0
	평균	46.6	55.4	48.5	44.5	49.0	46.7
학력	고졸 이하	21.2	34.9	22.4	12.9	24.7	24.2
	대졸	66.9	54.9	67.1	72.6	63.2	63.8
	대학원졸	11.8	10.2	10.5	14.5	12.1	12.0
계층	상위	28.1	24.0	48.1	40.3	29.0	29.0
	중간	33.4	33.8	22.1	25.8	32.6	32.5
	하위	38.5	42.2	29.9	33.8	38.5	38.5

주: 수치는 해당 항목의 퍼센트(%)

〈표 4〉 정당별 당원들의 차이: 정당활동 측면

		더불어민주	자유한국	바른미래	정의	당원전체
당비 납부	예	65.4	55.6	54.5	83.9	64.8
	아니오	34.6	44.4	45.5	16.1	35.2
액수	천 원~이천 원	51.8	39.9	31.0	3.8	41.0
	이천 원~만 원	30.1	38.0	33.3	18.9	31.1
	만 원 이상	18.1	22.2	35.7	77.4	28.0
활동 기간	~1년	35.7	40.1	30.3	41.9	36.8
	1년 이상	64.3	59.9	69.7	58.1	63.2
	평균	4.3	4.3	3.7	4.4	3.6
직책*	일반당원	65.2	77.0	74.5	69.0	67.5
	권리/책임당원	31.7	16.9	15.4	28.3	25.5
	당협/지역위원	3.6	4.8	7.3	3.0	3.4
	중앙/지방당직자	3.3	3.3	7.8	4.0	3.6

주: 수치는 해당 항목의 퍼센트(%). * 복수응답 가능으로 전체비율이 100%를 넘을 수 있음

타났다. 당비 납부액수에 있어서는 양대 정당인 더불어민주당과 자유한국당 당원들의 80% 가량이 만 원 이내를 납부하고 있었으나, 바른미래당의 당원 중 35%가 만 원 이상의 당비를 납부하였고 정의당에서는 그 비율이 80%에 육박하였다. 활동기간에 있어서는 정당별로 고른 분포를 보였으며 대체로 60% 이상의 당원이 1년 이상의 정당활동 경험을 갖고 있었다. 마지막으로 정당 내의 역할에 있어서는 이른바 진보성향의 정당과 보수성향의 정당별로 차이가 나타났다. 즉, 더불어민주당과 정의당에서 권리 혹은 책임당원의 비율이 상대적으로 높게 나타난 반면, 자유한국당과 바른미래당에서는 일반당원의 비율이 77.0%와 74.5%로 나타났다.

당원의 특성에 관한 이상의 내용을 요약해 보면 다음과 같다. 우선 전체적인 구성의 측면에서 더불어민주당의 당원이 조사된 전체 당원의 60%

에 이르러 다른 정당을 압도하고 있었다. 탄핵 이후 보수정당이 여전히 약세를 면치 못하고 있다는 점을 감안해도 높은 수치라 할 수 있겠다. 또한 사회적 변수를 중심으로 살펴 본 결과에서는 다른 무엇보다도 연령에 따른 정당별 당원의 차이가 두드러졌다. 이는 자유한국당 당원의 절반 이상이 60대 이상 응답자로 구성되어 있다는 점에서 기인한다. 마지막으로 정당활동의 측면에서는 두 가지 흥미로운 정당별 차이가 발견되었다. 우선 더불어민주당과 정의당 등 진보성향의 정당에서 권리 혹은 책임당원의 비중이 상대적으로 높게 나타난 반면, 자유한국당과 바른미래당 등 보수성향의 정당에서 일반당원의 비율이 높게 나타났다. 더불어 당비 납부액수에서 규모가 작은 정당에서 그 액수가 상대적으로 많은 것으로 나타났다는 점 역시 흥미로운 결과이다.

2. 한국 당원의 역할인식

그렇다면 우리나라 정당의 당원들은 스스로의 역할을 어떻게 규정하고 있는가? 조사에서는 응답자들에게 당원의 주요 역할을 네 가지로 구분하고 이에 대해 얼마나 중요하게 생각하는지 물어보았다. 당원의 주요 역할 네 가지는 주변 사람에 대한 정당가입 권유, 당 소속 후보자의 선거운동, 당비 이외의 후원금 납부, 그리고 당의 정책노선 관련 토론회 참석 등이며, 이에 대한 결과는 〈표 5〉에 정리되어 있다.

전체적으로 보았을 때, 한국 정당의 당원들은 당의 정책노선 관련 토론회 참석을 가장 중요한 활동으로 인식하고 있었으며, 선거운동, 후원금 납부, 정당가입 권유의 순서로 그 중요성을 생각하고 있었다. 이는 한국 정당의 당원들이 당의 정책노선에 대한 이해를 대단히 중요하다고 생각하고 있는 반면, 권유를 통해 당원가입을 유도하는 것에는 상대적으로 적극적이지 않음을 의미하는 것이다. 그러나 소속정당을 막론하고 당원가입 권유에 소극적인 당원들이 당 소속 후보자의 선거운동은 중요하게 인식하고 있다는 점은 흥미롭다.7

또한 당원 활동에 대한 인식은 모든 활동에 걸쳐 정당별로 차이를 보이지 않았다. 다만 미세하지만 더불어민주당과 정의당에서 정책토론회 참석이 중요하다는 답변이 더 많았던 반면에 자유한국당과 바른미래당에서는 선거운동의 중요성에 대한 인식이 높았다는 점에서 차이를 보였다.

한편 당원의 역할인식은 응답자 정당활동의 차이에 영향을 받을 수 있

〈표 5〉 정당별 당원들의 역할인식

		더불어민주	자유한국	바른미래	정의	당원전체
정당 가입 권유	중요치 않음	29.8	29.3	33.6	33.2	29.0
	보통	46.1	43.6	40.0	33.3	43.1
	중요함	24.1	27.0	26.4	33.5	27.8
선거 운동	중요치 않음	15.7	13.6	16.0	19.0	14.7
	보통	41.0	36.8	36.6	35.1	37.6
	중요함	43.3	49.5	47.4	45.8	47.7
당비외 후원금 납부	중요치 않음	19.6	22.2	27.6	27.1	20.2
	보통	49.5	43.2	42.7	38.8	45.3
	중요함	30.9	34.5	29.7	48.4	24.6
정책 토론회 참석	중요치 않음	7.7	14.1	18.4	7.9	9.5
	보통	32.4	29.1	29.5	27.6	29.8
	중요함	59.9	56.8	52.1	64.5	60.9

주: 수치는 해당 항목의 퍼센트(%)

7. 어떤 의미에서 보면 이러한 차이는 한국 정당의 당원들이 정책토론회 참석이나 선거운동 등 공식적이고도 집단적인 활동의 중요성을 높게 인식하고 있는 반면, 정당가입 권유나 후원금 납부와 같은 개인적인 활동은 상대적으로 덜 중요하다고 생각하고 있음을 보여 준다.

다. 예를 들어, 같은 당원이라도 당비 납부여부에 따라서 혹은 활동기간이 오래되었는지 등에 따라 역할인식이 달라질 수 있다. 이러한 차이를 살펴보기 위하여 당비납부 여부와 활동기간에 따라 당원들의 역할인식이 달라지는지 살펴보았으며 그 결과는 〈표 6〉~〈표 9〉에 나타나 있다.[8]

먼저 〈표 6〉의 결과를 보면, 당비납부 여부에 따라 더불어민주당 당원들은 정당가입 권유에 대한 중요성 인식에 있어서 차이를 보였다. 즉, 당비를 납부하고 있는 당원들은 그렇지 않은 당원들에 비해 '주변 사람들에 대한 정당가입 권유'를 더 중요한 당원의 역할이라고 인식하고 있었다. 그러나 이러한 차이는 자유한국당 당원에게서는 나타나지 않았다. 당원 활동기간의 정도는 정당과 관계없이 당원들이 이 활동에 대해 갖고 있는 인식에 차이를 가져오지 않았다.

선거운동의 중요성에 대한 결과는 조금 상이하게 나타났다. 〈표 7〉의

〈표 6〉 당비, 활동기간에 따른 당원의 역할인식: 주변 사람에 대한 정당가입 권유

		당비납부 여부		당원 활동기간	
		예	아니오	1년 이내	1년 이상
더불어민주당	중요치 않음	28.5	32.0	30.7	29.4
	보통	42.6	52.6	48.2	44.9
	중요함	28.9	15.4	21.2	25.7
		x^2=17.506 (p=0.000)		x^2=2.009 (p=0.366)	
자유한국당	중요치 않음	25.8	33.6	33.9	26.0
	보통	44.0	43.2	39.1	46.7
	중요함	30.2	23.3	27.0	27.2
		x^2=2.734 (p=0.255)		x^2=2.364 (p=0.307)	

주: 수치는 해당 항목의 퍼센트(%)

8. 표본 수를 고려하여 이하의 분석에서는 당원의 수가 상대적으로 많은 더불어민주당과 자유한국당만을 대상으로 하였다.

〈표 7〉 당비, 활동기간에 따른 당원의 역할인식: 선거운동

		당비납부 여부		당원 활동기간	
		예	아니오	1년 이내	1년 이상
더불어 민주당	중요치 않음	14.5	17.7	18.2	14.2
	보통	39.6	43.6	39.1	42.1
	중요함	45.8	38.7	42.7	43.7
		x^2=3.774 (p=0.152)		x^2=2.319 (p=0.314)	
자유한국당	중요치 않음	11.5	15.9	14.9	12.9
	보통	40.1	32.5	47.4	29.4
	중요함	48.4	51.6	37.7	57.6
		x^2=2.248 (p=0.325)		x^2=11.660 (p=0.003)	

주: 수치는 해당 항목의 퍼센트(%)

결과를 보면, 당원가입 권유활동과는 달리 당비납부 여부는 당원이 선거운동활동에 대한 중요성 인식에 별다른 차이를 가져오지 않았다. 그러나 당원 활동기간은 자유한국당 당원들의 중요성 인식에서 통계적으로 유의미한 차이로 이어졌는데 활동기간이 긴 당원의 경우 선거운동을 더 중요하게 인식하고 있었다.

당비납부 여부와 활동기간의 차이는 당비 이외 후원금 납부활동에 대한 당원들의 중요성 인식에 유의미한 차이를 가져왔다. 더불어민주당과 자유한국당 모두에게서 당비를 납부하고 있는 당원들은 그렇지 않은 이들에 비해 당비납부를 중요한 당원의 역할이라고 생각하고 있었고, 자유한국당의 경우 활동기간이 긴 당원일 경우에도 이를 중요하다고 인식하고 있었다.

한편 '당의 정책노선 관련 토론회 참석'활동에 있어서는 당비납부 여부와 활동기간의 차이가 당원의 중요성 인식에 별다른 영향을 미치지 않았다. 두 조건의 차이와 관계없이 정당의 당원들은 이 활동을 공통적으로 중

〈표 8〉 당비, 활동기간에 따른 당원의 역할인식: 당비 이외 후원금 납부

		당비납부 여부		당원 활동기간	
		예	아니오	1년 이내	1년 이상
더불어 민주당	중요치 않음	17.1	24.4	23.0	17.8
	보통	49.0	50.4	44.5	52.2
	중요함	33.9	25.2	32.5	30.0
		x^2=9.026 (p=0.011)		x^2=4.880 (p=0.087)	
자유한국당	중요치 않음	16.5	29.4	27.2	18.8
	보통	44.9	41.3	46.5	41.2
	중요함	38.6	29.4	26.3	40.0
		x^2=7.219 (p=0.027)		x^2=6.303 (p=0.043)	

주: 수치는 해당 항목의 퍼센트(%)

〈표 9〉 당비, 활동기간에 따른 당원의 역할인식: 당의 정책노선 관련 토론회 참석

		당비납부 여부		당원 활동기간	
		예	아니오	1년 이내	1년 이상
더불어 민주당	중요치 않음	6.6	9.8	9.1	6.9
	보통	30.7	35.5	31.4	33.0
	중요함	62.7	54.7	59.5	60.1
		x^2=5.462 (p=0.065)		x^2=1.305 (p=0.521)	
자유한국당	중요치 않음	10.8	18.3	14.9	13.5
	보통	29.9	27.8	32.5	26.9
	중요함	59.2	54.0	52.6	59.6
		x^2=3.180 (p=0.204)		x^2=1.422 (p=0.491)	

주: 수치는 해당 항목의 퍼센트(%)

요하게 인식하고 있었다.

그렇다면 당원이 현재 소속정당에서 갖고 있는 직책의 영향은 어떠한가? 당원의 직책은 여러 가지 당원활동에 대한 인식의 차이를 가져올 수 있다. 예를 들어, 책임당원이나 당직자와 같이 소속정당에 대한 관여도가 높은 당원들은 일반당원에 비해 당원활동에 대해 상대적으로 더 중요하

게 생각할 개연성이 있다. 이를 확인하기 위하여 소속정당의 직책에 따른 당원의 역할인식을 살펴보았다.[9]

먼저 직책에 따라 당원들이 정당가입 권유 활동을 어떻게 생각하고 있는지 살펴본 결과는 〈표 10〉과 같다. 표에서 확인할 수 있는 것처럼 소속정당에서의 직책은 당원이 정당가입 권유활동에 대해서 갖는 인식에 차이를 가져오지 않았으며, 이는 더불어민주당과 자유한국당 모두에게서 그러하였다.

〈표 11〉은 동일한 분석을 선거운동 활동을 중심으로 살펴본 결과이다. 두 정당 모두에게서 직책에 따른 당원들의 중요성 인식의 차이는 나타나지 않았다. 그러나 정당에 따른 차이는 확인할 수 있었는데, 더불어민주당 당원의 경우 일반당원보다는 권리/책임당원과 위원/당직자들이 선거운동 활동을 더 중요하다고 인식하고 있었다. 반면, 자유한국당의 경우 위원/당직자들보다는 일반당원과 권리/책임당원이 이 활동을 더 중요하다고 인식하고 있어 예측과는 조금 상이한 결과를 보였다.

'당비 이외 후원금 납부'활동과 '당의 정책노선 관련 토론회 참석'활동에

〈표 10〉 직책에 따른 당원의 역할인식: 주변 사람에 대한 정당가입 권유

		일반당원	권리/책임당원	당협/지역위원/당직자
더불어 민주당	중요치 않음	30.6	27.5	33.3
	보통	48.0	44.5	30.8
	중요함	21.4	28.0	35.9
자유 한국당	중요치 않음	30.9	18.2	36.1
	보통	41.8	47.7	47.6
	중요함	27.3	34.0	14.3

주: 수치는 해당 항목의 퍼센트(%). 각 정당별로 χ^2=8.438 (p=0.080), χ^2=4.965 (p=0.291)

9. 표본 수를 고려하여 당협/지역위원과 중앙/지방당직자를 합쳐 하나의 그룹으로 취급하였다.

〈표 11〉 직책에 따른 당원의 역할인식: 당 소속 후보자의 선거운동

		일반당원	권리/책임당원	당협/지역위원/당직자
더불어 민주당	중요치 않음	16.4	13.6	15.8
	보통	43.2	37.6	34.2
	중요함	40.4	48.9	50.0
자유 한국당	중요치 않음	13.2	13.6	14.3
	보통	36.1	29.5	61.9
	중요함	50.7	56.9	23.8

주: 수치는 해당 항목의 퍼센트(%). 각 정당별로 χ^2=5.049 (p=0.282), χ^2=7.551 (p=0.109)

대한 당원의 중요성 인식을 살펴본 결과는 〈표 12〉와 〈표 13〉에 나타나 있다. 우선 후원금 납부활동과 관련해서는 더불어민주당의 경우 직책에 따른 당원의 인식 차이가 나타나지 않은 반면, 자유한국당의 당원들은 일반당원에 비해 직책을 맡고 있는 당원들이 후원금 납부를 중요한 활동이라고 더 인식하고 있었다. 이와는 반대로 정책노선 관련 토론회 참석활동에 관해서는 더불어민주당에서만 직책에 따른 당원의 중요성 인식 차이가 나타났다. 즉, 위원/당직자들에 비해서 일반당원 그리고 권리/책임당원들이 이 활동을 보다 더 중요하게 생각하고 있었다. 또한 두 정당 모두에게서 권리/책임당원들이 이 활동을 가장 중요하게 인식하고 있다는 점 역시 지적할 만하다.

요약해 보면, 전체적으로 한국 정당의 당원들은 정책토론회 참석, 선거운동, 후원금 납부, 정당가입 권유의 순서로 중요한 당원의 역할이라고 인식하고 있었다. 또한 당원의 역할인식은 당비납부 여부, 활동기간, 그리고 직책과 같은 정당활동의 차이에 영향을 받았으며, 그 영향은 흥미롭게도 소속정당별로 상이하였다. 예를 들어, 더불어민주당 당원들은 당비납부 여부에 따라 정당가입 권유, 후원금 납부, 소속정당의 직책에 따라 정책노

〈표 12〉 직책에 따른 당원의 역할인식: 당비 이외 후원금 납부

		일반당원	권리/책임당원	당협/지역위원/당직자
더불어 민주당	중요치 않음	21.8	15.3	15.8
	보통	50.0	47.6	55.3
	중요함	28.2	37.1	28.9
자유 한국당	중요치 않음	26.4	11.4	4.5
	보통	38.2	56.8	63.6
	중요함	35.5	31.8	31.9

주: 수치는 해당 항목의 퍼센트(%). 각 정당별로 χ^2=8.239 (p=0.082), χ^2=12.233 (p=0.016)

〈표 13〉 직책에 따른 당원의 역할인식: 당의 정책노선 관련 토론회 참석

		일반당원	권리/책임당원	당협/지역위원/당직자
더불어 민주당	중요치 않음	8.6	3.9	20.5
	보통	34.8	26.2	35.9
	중요함	56.6	69.8	43.6
자유 한국당	중요치 않음	16.4	8.8	9.1
	보통	28.3	26.7	40.9
	중요함	55.2	64.5	50.0

주: 수치는 해당 항목의 퍼센트(%). 각 정당별로 χ^2=20.364 (p=0.000), χ^2=4.625 (p=0.328)

선 관련 토론회 참석활동에 대한 중요성 인식에 차이를 보였다. 반면, 자유한국당 당원들에게서는 당비납부 여부의 차이보다는 활동기간의 차이가 중요성 인식에 영향을 미치는 것으로 나타났다.

Ⅳ. 결론: 당원 역할인식의 당파적 차이

현재 목격되고 있는 민주주의의 위기는 구조적인 차원의 문제라는 점에서 이전과는 질적으로 다르다. 유권자들과 정책결정자들 간의 긴밀한

연계를 바탕으로 기능하는 대의민주주의가 제대로 작동하지 못한다는 인식이 강해짐에 따라 제도정치권에 대한 공동체 구성원들의 신뢰는 크게 저하되어 있으며, 이를 바탕으로 차이와 새로움으로 포장한 포퓰리즘이 유행처럼 번져가고 있다. 그러나 한편으로 공동체 구성원들은 민주주의의 위기에 대해 외면이나 방관 보다는 적극적인 참여로 반응하고 있다. 이 같은 참여는 무엇보다도 정당과 정치행위자들이 스스로의 쇄신을 통해 대의민주주의를 질적으로 변화시킬 것을 요구하고 있다.

이러한 맥락에서 이 글은 정당에 직접적으로 관여하고 있는 당원의 역할인식에 초점을 맞추어 당원이 정당활동에 얼마나 관여하고 있는지 그리고 실제로 어떠한 활동을 중요하게 인식하고 있는지 살펴보았다. 분석 결과, 전체적인 구성의 측면에서 더불어민주당의 당원이 다른 정당을 압도하여 탄핵 이후 보수정당이 여전히 약세를 면치 못하고 있음을 알 수 있었다. 또한 사회적 변수를 중심으로 살펴본 결과에서는 연령에 따른 정당별 당원의 차이가 두드러졌는데, 이는 자유한국당 당원의 절반 이상이 60대 이상 응답자로 구성되어 있다는 점에서 기인한다. 더불어 흥미로운 정당별 차이도 발견되었는데, 더불어민주당과 정의당 등 진보성향의 정당에서 권리 혹은 책임당원의 비중이 상대적으로 높게 나타난 반면, 자유한국당과 바른미래당 등 보수성향의 정당에서 일반당원의 비율이 높았다.

정당활동에 있어서도 몇 가지 흥미로운 사실들이 나타났다. 전체적으로 한국 정당의 당원들은 정책토론회 참석, 선거운동, 후원금 납부, 정당가입 권유의 순서로 중요한 당원의 역할이라고 인식하고 있었다. 그러나 일반당원의 역할인식은 정당별로 차이를 보였다. 진보성향 정당들의 일반당원들은 정책토론회 참석이 당원의 중요한 역할이라고 인식하고 있는 반면, 보수성향 정당에게서는 선거운동이 당원의 중요한 역할인 것으로 나타났다. 더욱이 이러한 차이는 당비납부와 활동기간 등 정당에 관여한 정도가 강할수록 더욱 크게 나타났다.

당원의 역할인식에서 나타난 이러한 정당별 차이는 어떠한 의미를 주는가? 다른 무엇보다도 이러한 차이는 우리 정당이 구성원의 인식이라는 측면에서 다르다는 것을 의미한다. 이론적인 차원에서 이는 정당에 관한 연구를 할 때 하나의 이론틀을 가지고 살펴보기보다는 정당 고유의 독특성에 따라 설명하는 방식이 달라져야 함을 의미한다. 이 글의 분석에 따르면 더불어민주당의 일반당원들은 정책적인 측면에 보다 높은 관심을 갖고 있었고 자유한국당의 일반당원들은 정책보다는 선거운동을 보다 더 중요하다고 인식하고 있었다. 이는 자유한국당의 당원들이 선거국면에서 보다 적극적인 태도를 갖는 반면, 더불어민주당의 경우 당의 정책적인 측면에 대해 더 큰 관심을 갖고 있음을 보여 준다. 이러한 차이는 정당의 차이를 간과하고 하나의 이론틀로 정당을 설명하려는 시도는 자칫 한계를 가질 수 있음을 의미한다(e.g. Grossmann and Hopkins 2016).

또한 당원들의 역할인식에 있어서의 차이는 현실적인 측면에서 정당이 유권자들의 불신을 극복하기 위해서 어디에 초점을 맞추어야 하는지 간접적으로 보여 준다. 이 글의 발견에 근거하면, 더불어민주당은 다른 무엇보다도 정책 개발과정에서 구성원들의 의견을 충실히 수집하고 이에 맞춘 정책을 제안, 실행하는 것이 중요하다. 반면, 자유한국당의 경우 선거운동에 높은 관심을 갖는 일반당원들이 보다 적극적으로 정당활동에 나설 수 있도록 참신한 후보를 발굴하고 대중적인 정당의 이미지를 강화하는 데에 주안점을 두어야 할 것이다.

여러 차례 반복했듯이 현대 민주주의의 위기는 정당의 위기로부터 비롯되며 그 대응책 역시 정당이 연계기관으로서 제 역할을 다시금 회복할 수 있느냐에 달려 있다. 유권자들이 민주주의의 위기에 보다 적극적인 관여자로서 부상하고 있는 현실에서 이 글은 그러한 노력의 출발점이 정당활동에 대한 관심과 참여를 갖고 있는 당원인식에 대한 파악으로부터 비롯되어야 하며, 변화의 내용 역시 이에 기반해야 함을 보여 주고자 하였다. 이를 위한 정당의 노력이 위기를 기회로 바꿀 수 있는 유일한 길임을 잊지말아야 할 것이다.

참고문헌

윤종빈. 2011. "프라이머리 도입과 정당 공천 개혁 평가." 〈한국정치의 쟁점: 정치선진화를 위한 정치개혁과제〉 한국정치학회 학술회의 발표논문.

장훈. 2010. "보이는 목표와 보이지 않는 결과: 대통령후보 경선제의 역설." 『20년의 실험: 한국 정치개혁의 이론과 역사』 파주: 나남. 139-71.

전용주. 2005. "후보공천과정의 민주화와 그 정치적 결과에 관한 연구." 『한국정치학회보』 39(2). 217-36.

지병근. 2010. "서베이 민주주의(Survey Democracy)?: 6.2 지방선거 후보공천사례를 중심으로." 『한국정치연구』 19(3). 57-75.

Adams, James and Samuel Merrill III. 2008. Candidate and Party Strategies in Two-Stage Elections Beginning with a Primary. *American Journal of Political Science* 52: 344-59.

Geer, John G. and Mark E. Shere. 1992. Party Competition and the Prisoner's Dilemma: An Argument for the Direct Primary. *Journal of Politics* 65: 457-76.

Grossman, Matt and David A. Hopkins. 2016. *Asymmetric Politics: Ideological Republicans and Group Interest Democrats*. New York: Oxford University Press.

Katz, Richard S. and Peter Mair. 1995. Changing Models of Party Organization and Party Democracy: the Emergence of the Cartel Party. *Party Politics* 1: 5-31.

Levitsky, Steven and Daniel Ziblatt. 2018. *How Democracies Die*. New York: Crown.

Mair, Peter. 1997. *Party System Change: Approaches and Interpretation*. Oxford: Clarendon Press.

Mudde, Cas. 2016. Europe's Populist Surge: A Long Time in the Making. *Foreign Affairs* 25: 25-30.

제5장

공천의 민주화: 당원이 인식하는 바람직한 공천 방향

이정진

국회입법조사처

본 연구는 미래정치연구 제9권 제1호에 "정당공천의 민주화: 당원인식조사를 통해 분석한 바람직한 공천방향"이라는 제목으로 게재된 논문을 일부 수정한 것이다.

I. 서론

2020년은 제21대 국회의원선거가 실시되는 해이다. 내년 총선을 앞두고 국회에서는 연동형 비례제, 권역별 비례제, 중복입후보제 등을 내용으로 하는 선거제도 개혁안이 논의 중이다. 한편에서는 비례대표의 자질과 공천 문제를 제기하면서 비례대표제 폐지 주장도 불거지고 있다. 현행 국회의원선거제도가 지역구선거와 비례대표선거가 함께 실시되는 혼합제 선거임에도 비례대표 비중이 낮고 지역구선거는 소선거구 다수대표제를 채택하고 있어 다수의 사표가 발생하는 등 국민의사를 적절히 반영하지 못한다는 점에서 선거제도의 개선은 필요하다. 다만 선거제도 개혁과 더불어 정당의 공천방식에는 문제가 없는지 점검해 볼 필요가 있다. 특히 연동형 비례제를 도입할 경우 비례대표의 비중이 커지는 것에 비해 비례대표의 공천 과정은 투명성이나 공정성을 담보할 수 없는 상황이어서 공천방식의 개선이 전제되어야 할 것이다.

공천은 공직선거에 출마할 후보자를 선출하는 과정으로 정당의 주된 기능 가운데 하나이다(Hazan and Rahat 2010; Sartori 1976; Schattschneider 1942; 김병록 2012). 정당의 후보 공천은 정치신인을 발굴하거나 소속 정치인들의 의회진출을 통해 당의 강령이나 정책을 실현할 수 있는 통로이다. 지방선거 실시 이후에는 지방자치단체의 장이나 지방의회의원 선거에도 정당추천이 이루어져서 지방 단위에서는 의회의 영역뿐 아니라 집행부에도 정당의 영향력이 강화되고 있다. 유권자의 입장에서는 선거에서 정당이 추천한 후보를 선택함으로써 간접적으로 정책 결정과정에 참여할 수 있다. 하지만 지역주의 선거구도와 소선거구 다수대표제로 실시되는 국회의원선거의 특성으로 인해 유권자들에게 선택의 폭은 넓지 않다. 비례대표선거의 경우 정당 득표율에 따라 의석이 배분되기 때문에 사표에 대한 우려 없이 지지하는 정당을 선택할 수 있지만 비례대표후보의 공천은 당 지도부의 영향력이 크고 명확한 공천기준의 부족으로 공정성이나 투명성 논란이 지속되고 있다. 따라서 공천 과정을 민주화하고 공천 과정에 당원뿐 아니라 유권자의 의사를 반영하라는 요구가 점차 확산되고 있다.

공천 개혁 논의는 공천 과정의 민주성, 공정성, 개방성을 확대하는 것과 관련된다(김병록 2012). 공정성은 후보자를 심사하고 선정하는 과정을 투명하게 함으로써 확보될 수 있다. 공천 기준을 명확히 하고 공천심사를 담당하는 공천심사위원회나 공천관리위원회의 구성이나 운영을 민주적인 방식으로 하며, 공천 과정을 기록하여 공개할 경우 투명성을 확보할 수 있을 것이다. 독일의 경우 연방선거법에서 정당의 후보자 추천시 공천 과정을 기록한 결과보고서를 작성하여 해당 선거관리위원회에 제출하도록 의무화하고 있다.[1] 우리 국회에서도 제19대 국회에서 관련 내용의 개정안이 발의되어 논의된 사례가 있다.[2]

민주성은 공천 과정에 당원이나 대의원 등 밑으로부터의 의사가 얼마나 반영되는지의 문제이다. 정당이 민주화될수록 정책결정이나 공천 등

1. 독일은 지역구선거와 비례대표선거에서 당원투표 혹은 대의원투표를 통해 후보를 선출하도록 하고 그 과정을 기록한 보고서를 제출하는 경우에 한해 후보 등록이 가능하다. 독일연방선거법 제21조(정당후보자의 선정) ① 다른 정당의 당원이 아니며 선거구후보자의 선출을 위한 당원총회 또는 이를 위한 특별 또는 일반당대의원회에서 선출된 자만이 정당의 후보자로 선거구선거추천에 지명될 수 있다. ⑥ 회의장소와 시간, 소집의 형식, 출석한 당원의 수와 투표의 결과가 기록된 후보자의 선출에 관한 의사록의 사본은 선거구선거추천과 함께 제출되어야 한다(연방선거법/독일, 국회도서관 역, 2010).

2. 제19대 국회에서 발의된 공직선거법일부개정법률안 가운데 김재원의원안(2013.5.22.)은 국회의원선거와 지방의회의원선거의 지역구선거에, 김선동의원안(2013.12.24.)은 모든 공직선거에 당내경선을 의무화하고 그 내용을 기록한 결과보고서를 선거관리위원회에 제출하는 내용을 담고 있다.

정당의 주요 결정이 소수의 당 지도부에 의해 이루어지기보다 당원 혹은 당원들에 의해 선출된 대의원에 의해 이루어진다. 한국의 경우 과거 정당 공천이 당 대표나 총재에 의해 좌우되었으며 민주화 이후에도 공천은 소수 당 지도부에 의해 결정되는 경우가 많았다. 이에 상향식 공천에 대한 요구가 당내·외에서 불거져 나왔으며, 2004년 제17대 총선 이후 당원, 대의원, 지지자 등 밑으로부터의 의사를 반영하는 방향으로 공천방식이 변화되고 있다.

개방성은 공천 과정에의 참여 정도를 어디까지 확대할 것이냐의 문제와 관련된다. 공천과정에 참여할 수 있는 범위가 넓어질수록 개방성이 높은 반면 당대표 1인에 의해 결정된다면 개방성이 매우 낮은 것이다. 당원 규모가 크고 정당에 대한 참여도가 높을 경우 공천과정에 참여할 수 있는 범주는 일반적으로 당원과 대의원으로 한정된다. 과거 유럽의 좌파 정당들이 이런 방식을 취했으며, 한국의 경우 민주노동당이나 통합진보당, 정의당 등 진보 정당들은 진성당원 비율이 높고 정책 결정과정에 대한 참여도가 높기 때문에 당원투표를 통해 공직선거 후보자를 선출한다.

하지만 최근에는 정당정치에 대한 관심과 참여가 줄면서 당원수가 감소하는 것이 선진 민주주의국가들의 추세이다. 이에 따라 최근 당원 외에 지지자들까지 정당의 공천 과정에 참여하도록 허용하는 사례들이 증가하고 있다. 영국 노동당이 당수 후보 선출 과정에 온라인 지지자들의 참여를 허용한 것이나[3] 2012년과 2017년 프랑스 대선에서 사회당이 당원과 지지자들이 참여하는 방식으로 후보자를 선출한 것이 그 사례이다. 한국의 경

---

3. 2015년 총선 패배 이후 노동당은 당규 개정을 통해 온라인으로 등록한 지지자들이 경선비용을 부담하고 당대표 선거에 참여할 수 있도록 허용하였다. Clause 2. Procedural rules for elections for national officers of the Party, Chapter 4. "Elections of national officers of the Party and national committees", Labour Party, *2016 Rule Book*.

우에도 제20대 총선을 앞두고 정당의 공천 과정에 모든 유권자가 참여하도록 하고 선거관리위원회가 관리하도록 하는 완전국민경선제 도입이 논의되기도 하였다.

공천은 각 정당의 조직이나 성격에 따라 다양한 방식으로 실행될 수 있으며, 정당을 둘러싼 정치제도적 환경의 영향을 받는다. 법으로 당원이나 대의원에 의한 선출을 규정하고 있는 독일과 주법으로 예비선거를 규정하고 있는 미국의 경우 법으로 규정된 방식을 따를 수밖에 없다. 우리의 경우 공직선거법에서 민주적인 절차에 따라 공천하도록 규정하고는 있지만,[4] 선언적인 측면이 강하며 공천은 전적으로 정당 자율성에 맡겨져 있다. 하지만 공천 과정에서 나타나는 당내 갈등이나 파벌싸움, 공천헌금 논란 등의 문제들로 인해 최근 공천 원칙이나 방식을 법으로 규정함으로써 공천 과정의 투명성과 민주성을 제도적으로 보장하려는 움직임이 있다. 한편에서는 이러한 시도가 정당의 자율성을 훼손시키며 정당의 결정과정에 참여할 수 있는 당원의 권리를 침해한다는 점에서 반대의 목소리도 높다(장훈 2002; 이현출 2003; 박찬표 2016).

그렇다면 실제 정당의 당원으로 가입하여 활동하고 있는 사람들이 생각하는 바람직한 공천은 무엇인가? 이들은 공천이라는 중요 결정에 당원이 아닌 유권자들이 참여하도록 허용하는 최근의 공천 개혁 방향에 대해 어떻게 생각하는가? 당원은 당비를 내고 정당의 정책결정과정에 참여할 수 있는 권한을 가진 사람들이다. 하지만 중앙당과 당 지도부의 영향력이 강한 한국 정당의 특성으로 인해 당원들은 공직선거후보 추천 등 정당의

4. 공직선거법 제47조(정당의 후보자추천) ① 정당은 선거에 있어 선거구별로 선거할 정수범위안에서 그 소속당원을 후보자로 추천할 수 있다. 다만, 비례대표자치구·시·군의원의 경우에는 그 정수 범위를 초과하여 추천할 수 있다. ② 정당이 제1항의 규정에 따라 후보자를 추천하는 때에는 민주적인 절차에 따라야 한다.

중요한 정책 결정과정에서 배제되어왔다. 2002년 이후 당내 민주화가 진행되면서 공천과정에 당원의 참여가 확대되었지만 최근의 공천개혁 방향은 당원뿐 아니라 지지자들 혹은 유권자들의 참여를 허용하는 방향으로 전개되고 있다. 이러한 변화는 정치에 대한 무관심이 증가하면서 당원수가 감소하고 정당 활동에 적극적으로 참여하는 사람들이 줄고 있는 정치환경을 반영하는 것일 수 있다. 이러한 변화가 단기적으로는 정당 지지층 확대를 통해 선거에서 유리하게 작용할 수도 있지만 장기적으로는 정당의 정체성을 훼손시켜 정당 민주주의가 약화될 가능성도 있다. 그렇다면 당원들이 생각하는 바람직한 공천개혁 방향은 무엇인가? 공천의 민주성과 투명성을 확대하기 위해 정당은 어느 수준까지 공천 과정의 개방성을 확대해야 하는가? 이 글은 이러한 문제의식으로부터 출발한다.

이하에서는 상향식 공천이 도입된 제17대 총선부터 제20대 총선까지의 공천 현황을 분석하여 현행 정당공천의 문제점을 진단한 후 정당 공천에 대한 당원 설문조사 결과 분석을 통해 바람직한 공천 방향에 대한 당원들의 인식을 살펴볼 것이다.

II. 정당공천 현황과 쟁점

1. 정당공천 현황

국회의원선거에서 공천 과정에 대한 문제제기는 민주화 이전부터 지속되었다. 과거 정당의 공천은 당 대표나 총재의 의중에 따라 결정되는 것으로 당헌·당규에는 상향식 공천 원칙을 규정하고 있어도 실제 공천 과정에서는 당 지도부의 의사가 중요한 결정 요인이었다. 이러한 방식은 자유당 시절부터 볼 수 있는데, 1954년 실시된 제3대 총선에서 자유당은 지역구와 도당, 중앙당의 심사를 거쳐 후보를 추천하는 상향식 공천을 표방하였지만 실제로는 당 총재의 재가를 받는 과정을 통해 총재가 공천을 좌우하였다(김용호 2003).

한국에서 공천이 제도적으로 자리 잡은 것은 1962년 정당법 제정 이후이다. 그 이전에는 정당 추천과 관련된 별도의 규정이 없어[5] 많은 후보자들이 무소속으로 출마하였으나 정당법 제정 이후 공직선거법 개정을 통해 정당의 추천이 없이는 공직선거에 출마할 수 없도록 규정함으로써[6] 1963년 총선에서 모든 후보자들이 정당의 추천을 받아 출마하였다. 1972년 이후에는 무소속 출마가 가능하도록 법이 바뀌었지만 정당의 추천을 받아 출마하는 것이 일반화되었으며, 당 지도부의 공천 권한은 여전히 지속되었다. 이처럼 당 지도부가 좌우하는 공천 방식은 민주화 이후에도 지속되었는데, 선거에서의 공정 경쟁이 보장되었지만 공천 과정에서는 민주적인 방식이 정착되지 않았다.

특히 민주화 이후 지역주의 선거구도가 정착되면서 각 정당의 공천 과정에서 지역편중현상이 나타났을 뿐 아니라 공천이 곧 당선을 보장하는 지역들이 발생하면서 공천 과정에서 당 지도부의 영향력은 더욱 강화되었다. 하지만 하향식 공천에 대한 당 내외의 지속적인 비판과 2002년 대선에서 민주당이 실시했던 국민참여경선이 성공하면서 2004년 총선에서

---

5. 1950년 제정된 국회의원선거법에 따르면 의원후보자가 되려면 해당 선거구 유권자 1명 이상 2백명 이하의 추천을 받아 등록하도록 되어 있다. 국회의원선거법 제28조(1950.4.12.).
6. 1963년 개정된 국회의원선거법에 따르면 국회의원선거의 후보자 등록은 정당의 권한으로 지역구선거의 경우 해당 선거구에 추천하는 의원후보자 추천서, 전국구선거의 경우 전국구후보자명부를 선거관리위원회에 등록하도록 되어 있다. 국회의원선거법 제24조(1963.1.16.).

상향식 공천이 실시되었다. 2002년 당시 민주당은 2001년 재·보궐선거의 계속되는 패배와 정당 지지도 하락, 유력 대선후보의 지지도 하락으로 인한 위기감이 팽배한 상태였으며 국민경선은 공천개혁을 통해 당 지지도를 높이려는 자구책이었다.

2004년 총선은 현행 국회의원선거제도, 즉 지역구와 비례대표선거를 각각 실시하는 1인 2표제가 처음 실시된 선거로 2002년 대선과 지방선거의 영향으로 상향식 공천제가 실시되었다. 당시 한나라당, 민주당, 열린우리당은 지역구 국회의원후보 공천시 공천심사위원회를 설치하고 공심위에서 복수후보를 추천할 경우 국민경선을 통해 후보를 선출하는 내용으로 당헌·당규를 개정하였다.[7] 하지만 공심위 심사 결과에 대해 운영위원회(한나라당)나 재심위원회(열린우리당)에서 거부권을 행사할 수 있도록 하였으며, 실제 공천결과 경선을 실시한 사례보다 단수 공천 혹은 전략 공천이 이루어진 사례가 더 많았다. 또한 비례대표 후보의 경우 별도의 경선 절차 없이 공천심사위원회에서 후보자를 선정하였다.

2008년 실시된 18대 총선의 경우 17대 총선에서 도입되었던 경선절차 등 상향식 공천 방식이 폐지되고 중앙당에서 후보를 결정하는 하향식 공천방식으로 회귀하였다. 공천심사우원회를 구성하였으나 심사 후 단수 후보를 추천하도록 하였으며, 추천된 후보자에 대해 최고위원회나 당무회의에서 의결하도록 하였다. 또한 공천심사위원회를 최고위원회 의결로 당대표나 총재가 임명하도록 함으로써 공천과정을 사실상 중앙당 지도부에서 좌우하였다.

2012년 총선에서는 새누리당, 민주통합당, 자유선진당 등 주요 정당들

---

7. 이들 정당과 달리 민주노동당은 당원 투표를 통해 후보를 선출하였다.

이 국민경선 및 여론조사 방식으로 후보자를 선출하였다. 당헌·당규상 새누리당은 당원 20%, 일반국민 80%로 구성된 국민참여선거인단대회를 통해 후보자를 선출하도록 하였으며, 민주통합당은 국민경선을 원칙으로 하되 선거인단투표, 모바일투표, 전화면접여론조사, 인터넷 투표 등 다양한 방식으로 경선을 실시하도록 규정하였다. 하지만 실제 공천 결과 다수 지역구에 단수 후보가 공천되었으며, 경선이 실시된 지역은 새누리당 20%, 민주통합당 33% 정도에 불과했다(윤종빈 2012).

가장 최근 선거인 20대 총선의 경우 공직선거법 개정을 통해 완전국민경선제를 도입하거나 당내경선을 법제화하는 내용이 논의되는 등 어느 때보다 상향식 공천 실시에 대한 요구가 높았다. 새누리당은 당론으로 오픈 프라이머리 도입을 추진하였으며, 당규 개정을 통해 국민참여선거인단 투표를 원칙으로 하되 여론조사로 대체할 수 있도록 규정하였다. 더불어민주당은 국민참여경선, 국민경선, 당원경선, 시민공천배심원경선 등 다양한 방식으로 경선을 실시할 수 있도록 규정하였다. 공천 결과 새누리당은 과반수 후보자들이 경선 방식으로 선출되었다. 하지만 공천 과정에서 친박계와 비박계의 공천 갈등으로 당대표와 공천관리위원장이 대립하는 등 공천을 둘러싼 갈등이 심화되어 공천 규정이 지켜지지 않거나 공천 시기가 늦어지는 등 선거결과에 부정적인 영향을 미쳤다는 평가를 받았다. 비례대표선거의 경우 경선절차가 없고, 공천심사위원회 혹은 공천관리위원회 구성이나 심사 과정에 당 지도부의 영향력이 강하게 작용하는 등 지역구선거에 비해 공천과정의 공정성이나 민주성이 더욱 취약하다.

2. 공천 관련 쟁점

공천관련 쟁점은 크게 다음 몇 가지로 구분할 수 있다. 첫째, 공천 기준은 무엇인가? 그간 공천 논란의 상당부분은 공천 기준이 불명확하거나 혹은 기준이 있더라도 잘 지켜지지 않아 발생하곤 했다. 많은 정당들이 후보 공천시 심사 기준으로 지역 및 직능별 배분, 당내 기여도, 후보자의 전문성, 정당 정체성, 도덕성, 성별 할당, 청년이나 장애인 등 정치 약자에 대한 우대 등을 제시하고 있다. 하지만 구체적인 배점기준이나 산정방식은 제시되지 않으며, 가산 및 감산 기준 정도만을 제시하고 있다. 더불어민주당을 사례로 들면 지역구후보자의 심사기준으로 정체성, 기여도, 의정활동 능력, 도덕성, 당선가능성을 제시하고 있으며, 비례대표후보자의 심사기준으로는 정체성, 의정활동 능력, 전문성을 제시하고 있다. 하지만 구체적인 점수 환산표나 심사 기준의 우선순위 등은 규정에서 찾을 수 없다. 다만 여성, 청년, 장애인, 다문화이주민, 당직자 등에 대해 일정 비율이나 점수를 가산하고 징계를 받은 경력이 있거나 본인의 임기 중 공직에 출마한 선출직 공직자에게 일정 비율로 점수를 감산하는 내용을 두어 가산이나 감산 관련 규정만을 구체적으로 제시하고 있다.[8] 자유한국당은 지역구선거의 경우 부적격 기준을 두어 징계를 받은 자, 강력범죄나 선거범죄를 저지른 자 등에 대해 추천대상에서 배제하도록 규정하고 있지만 공천 기준에 대해서는 명시된 것이 없다.[9] 비례대표선거의 경우 성별, 연령, 지역, 직업 등 국민 대표성과 전문성, 당 기여도 등을 고려한다고 되어 있지만

---

8. 더불어민주당 당규 제10호 공직선거후보자 추천 및 선출직공직자 평가위원회 규정(제정 2018.8.25. 개정 2018.11.21.) 제33조(지역구후보자의 심사기준), 제34조(가산기준), 제35조(감산기준), 제36조(비례대표후보자의 심사기준).
9. 자유한국당 지역구 국회의원 후보자 추천 규정(제정 2016.9.5. 개정 2018.2.2.).

명확한 심사 기준은 밝히지 않고 있다.[10]

둘째, 공천의 투명성과 공정성은 어떻게 보장될 수 있는가? 공천의 투명성과 공정성을 보장하는 방안은 크게 두 측면에서 접근할 수 있다. 하나는 공천심사를 담당하는 공천심사위원회나 공천관리위원회를 구성 단계부터 투명하게 운영하는 것이다. 공천심사위원회는 예비후보자를 심사하여 추천할 뿐 아니라 공천심사위원회의 심사 결과에 따라 단수 공천이 결정될 경우 별도의 경선 절차를 거치지 않고 후보로 결정된다. 상향식 공천이 도입된 17대 총선 이후 주요 정당의 공천 결과를 보면 단수 공천이 지역구선거의 절반 이상을 차지한다. 사실상 공천심사위원회가 후보자를 결정하는 역할을 하고 있다. 현재 주요 정당의 공천심사위원회나 공천관리위원회는 당대표 등 소수 지도부의 추천으로 구성된다. 이는 결국 당 지도부의 의사가 공천 과정에서 반영될 수밖에 없는 구조이며, 공정한 공천을 기대하기 어렵다.

다른 하나는 공천 과정을 기록하여 공개하는 것이다. 독일의 경우 정당법과 연방선거법을 통해 공천과정을 기록하여 후보자 추천시 선관위에 제출하도록 되어 있으며, 공천과정을 기록한 결과보고서가 제출되지 않으면 후보자 등록은 무효가 된다.[11] 이는 지역구선거나 비례대표선거 모두에 해당된다. 반면 한국의 경우 공천 과정이 공개되지 않는 것이 일반적이며, 공천 결과만을 통보받는 경우들이 많다. 심지어 자유한국당은 공천관리위원회 심의에 대해 비공개를 원칙으로 규정하고 있다.[12] 이처럼

---

10. 자유한국당 비례대표 국회의원 후보자 추천 규정(제정 2016.9.5. 개정 2018.2.2.).
11. 독일 연방선거법 제21조에 따르면 정당의 공직선거 후보자 추천시 후보선출을 위한 집회가 언제 어디에서 개최되었는지, 어떤 형식으로 참여자들을 소집했는지, 몇 명이 참여했는지, 투표 결과는 어떠했는지 등을 서면으로 작성해서 후보 추천서와 함께 선거관리위원회에 제출해야 한다.
12. 자유한국당 지역구 국회의원 후보자 추천 규정 제9조(심의 등) ①공천관리위원회의 심의는 비

공천심사나 관리를 담당하는 위원회의 심사 과정이 공개되지 않음으로써 공천이 공정하게 이루어졌는지에 대한 문제제기가 지속되고 있다. 공천 결과에 대해 공천헌금이나 정치자금 수수가 논란이 되거나 파벌간 다툼 혹은 당 지도부의 영향력으로 인해 공천결과가 바뀌는 사례들도 종종 발생하고 있다(윤종빈 2012: 29). 이러한 문제들로 인해 최근 공천 과정을 기록한 결과보고서를 의무적으로 제출하도록 하는 공직선거법을 개정하는 방안이 국회에서 논의되기도 하였다.[13]

셋째, 누가 공천하는가? 공천 주체가 누구인가의 문제는 공천의 민주성, 개방성과 관련이 있다. 기존에는 당 대표 혹은 당의 소수 지도부에서 공천을 좌우하는 것이 문제로 지적되었으며, 그 개선방안으로 당원경선 혹은 대의원투표, 국민경선 등이 제시되었다. 최근에는 모든 유권자들에게 정당의 후보선출에 참여할 수 있는 권리를 주는 완전국민경선제도 대안으로 논의되고 있다. 하지만 당원이나 대의원, 혹은 정당의 지도부에서 공천 과정에 개입할 수 없다면 후보자들은 정당 소속원들이 아닌 유권자들에게 직접 참여와 투표를 호소할 것이며, 이는 정당의 응집력을 약화시킬 수 있다(하잔·라핫 2019. 28). 미국의 예비선거가 이런 방식으로 실시되며, 후보자들은 당원이 아닌 유권자들에게 지지를 호소한다.

지금까지 공천 개혁은 공천 과정의 민주성과 개방성을 확대하는 방향으로 진행되어 왔다. 당내 경선에서 선거인단의 수를 늘리거나 당원과 대

공개를 원칙으로 한다. 비례대표 국회의원 후보자 추천 규정 제9조(심의 등) ①비례대표 공천위원회의 심의는 비공개를 원칙으로 한다.

13. 제19대 국회에서 김선동의원은 모든 공직선거에서 당내경선을 의무화하고 후보자등록시 당내경선 결과보고서를 제출하도록 하는 개정안을 발의하였으나 임기만료 폐기되었다(김선동의원 대표발의, 공직선거법 일부개정법률안, 2013.12.24.). 김재원의원은 지역구국회의원선거와 지방선거에서 당내경선을 의무화하고 경선결과보고서를 관한 선관위에 제출하는 내용의 법률안을 제출하였으나 임기만료 폐기되었다(김재원의원대표발의, 공직선거법 일부개정법률안, 2013.5.22.).

의원의 비중을 높이고, 정당을 지지하는 유권자들도 공천 과정에 참여할 수 있도록 허용하는 등 공천 주체를 확대하는 것은 정당의 공천개혁으로 인식되어져왔다. 공천 개혁은 선거에서 패배한 이후, 혹은 정치개혁에 대한 유권자들의 강한 요구로 인해 이루어지는 사례들이 많다. 2002년 대선에서 민주당이 16개 시도에서 순회방식으로 국민경선을 실시한 이유는 이전 재·보궐선거의 참패로 인한 위기감 때문이었다. 2004년 총선에서 정당들이 상향식 공천을 수용한 이유 또한 당시 불법 정치자금의 폭로로 인해 기성 정당들에 대한 국민들의 부정적 인식이 확대되고 투명하고 공정한 정치에 대한 시민사회의 요구가 분출되었기 때문이다.

하지만 공천 주체를 확대하는 것이 정당이나 당원의 입장에서 바람직한 것인가? 공천 주체를 확대하고 밑으로부터의 의사를 수렴하는 것은 정당의 민주성이라는 측면에서 볼 때 바람직한 방향이다. 하지만 어느 정도까지 확대하는 것이 바람직한가? 당원 가운데 선출된 대의원 투표, 혹은 당원투표로 후보자를 선출한다면 정당의 정체성을 유지하면서 당내 민주주의도 확대되었다고 평가할 수 있다. 당원과 대의원, 일반국민을 일정 비율로 참여하도록 하는 경우 당의 정체성 유지에 대한 고민이 생길 것이다. 당원과 비당원을 구분하지 않고 모든 유권자에게 공천에 참여할 수 있는 권한을 준다면 정당의 지지층을 확대하고 본 선거에서 당선 가능성을 높일 수는 있겠지만 정당의 정체성이나 자율성은 침해될 수 있다. 또한 비교적 다수의 국민들이 참여하는 대선과 달리 모집단의 수가 작은 지방선거나 지역구국회의원선거의 경우 완전국민경선은 조직과 자금력을 갖춘 후보, 지명도가 있는 현직 후보에게 유리할 것이다.

넷째, 어떤 방식으로 공천할 것인가? 2002년 대선에서 16개 지역을 순회하는 방식의 국민참여경선제가 도입된 이후 정당의 후보자 추천은 다양한 방식으로 실시되었다. 2016년 실시된 제20대 총선의 경우 국민참여선거인단 투표, 여론조사 경선, 단수추천(이상 새누리당), 국민경선, 당원경선, 시민공천배심원경선(이상 더불어민주당) 등 다양한 형태의 경선을 실시할 수 있도록 규정하였으며, 투표 방식도 선거인단투표, 전화면접여론조사, 모바일투표, 인터넷투표, 배심원단투표 등 다양한 방식으로 실시되었다. 또한 당규에서는 경선을 원칙으로 표방했지만 실제 공천 결과는 전략공천이나 단수공천 등 비경선 방식으로 추천된 후보들이 많았다. 현재 주요 정당의 공천 방식을 살펴보면 더불어민주당, 자유한국당, 바른미래당 등 주요 정당들의 경우 경선과 비경선 방식을 모두 허용하고 있으며, 세 정당 모두 전략공천을 당규로 규정하고 있다는 점에서 상향식 공천을 표명했던 지난 선거와는 차이를 보인다.[14]

Ⅲ. 당원인식조사 결과 분석

명지대학교 미래정치연구소는 한국 리서치에 의뢰하여 당원인식조사를 실시하였으며,[15] 이하에서는 당원인식조사의 설문 결과 가운데 정당의 공천과 관련된 내용을 분석하였다. 공천과 관련된 내용은 다음 4가지이다. 첫째, 당원들이 생각하는 중요한 공천 기준은 무엇인가? 둘째, 바람

14. 더불어민주당은 전략공천위원회를 별도로 구성하여 전략선거구와 전략후보자를 선정하도록 규정하고 있으며(당규 제12조, 제13조), 자유한국당은 지역구선거의 20%를 우선추천지역으로 선정할 수 있도록 규정하였다(당규 제28조, 제29조).

15. 전국에 거주하는 19세 이상 성인남녀 22,279명을 대상으로 온라인 설문조사를 실시하였으며, 그 가운데 당원이라고 응답한 사례는 1,294명이다. 당원인식조사는 이들 1,294명을 대상으로 정당 가입 이유, 바람직한 공천방식, 정당별 당원의 이념성향, 당원 정당활동 등을 조사하였다.

직한 공천 방법은 무엇인가? 셋째, 공천을 비롯하여 정당의 중요한 의사결정에 영향을 미치는 사람은 누구인가? 넷째, 한국 정당의 발전을 위해 공천개혁이 필요한가? 이하에서는 이 4가지 질문들에 대한 당원들의 응답 결과에 대한 분석을 통해 당원들이 생각하는 바람직한 공천 개혁 방향을 도출하고자 한다.

1. 공천 기준: 도덕성, 능력, 당 정체성 순

당내 후보 공천에서 가장 중요하게 고려해야 할 것이 무엇인가라는 질문에 대해 가장 많은 응답자가 도덕성(37.6%)이라고 답했다. 그 다음으로 개인의 능력(23.5%), 당 정체성(21.3%), 당선 가능성(11.7%), 당 기여도(5.9%)의 순이다. 당원들은 도덕성이나 개인의 능력과 같이 후보자 개인의 품성이나 능력과 관련된 기준을 더 중요하게 생각한 반면 당선 가능성이나 당내 기여도 등은 상대적으로 덜 중요하게 생각하는 것으로 보인다. 성별로는 남성(33.5%)보다 여성(42.9%)이 도덕성을 더 중요한 기준이라

〈표 1〉 당내 후보 공천에서 중요하게 고려할 점

(단위: %)

		사례수(명)	도덕성	개인의 능력	당 정체성	당선 가능성	당내 기여도
		1,294	37.6	23.5	21.3	11.7	5.9
성별	남자	733	33.5	25.2	21.5	14.2	5.6
	여자	561	42.9	21.4	21.0	8.3	6.4
연령	19~29세	148	34.3	25.4	23.8	9.5	7.0
	30~39세	197	30.9	26.5	21.9	11.6	9.0
	40~49세	270	41.9	20.7	21.2	10.1	6.2
	50~59세	310	42.1	22.0	18.2	11.8	5.9
	60세 이상	369	35.5	24.5	22.7	13.7	3.7

고 응답하였다. 연령별로는 큰 차이가 없지만 상대적으로 40~50대에서 도덕성을 더욱 중요하게 생각하는 것으로 보인다.

한편 이념성향에 따라 중요하게 생각하는 공천 기준도 다르게 나타나는데, 〈표 2〉를 보면 전반적으로 도덕성이 가장 중요한 공천기준이라는 것에 동의하고 있지만 진보적일수록 중요하다는 답변이 많았다. 반면 중도 성향의 당원은 진보나 보수 성향의 당원들에 비해 개인의 능력을 중요한 기준으로 생각하였다. 반대로 당 정체성의 경우 진보나 보수 모두 중요하게 생각한 반면 중도 성향의 당원은 중요하게 생각하는 비율이 낮았다.

소속정당별로도 유의미한 차이를 보인다. 더불어민주당과 자유한국당 소속 당원은 도덕성과 개인의 능력을 중요한 기준으로 인식하는 반면 당선 가능성이나 당내 기여도는 상대적으로 덜 중요한 것으로 인식하고 있었다. 바른미래당은 도덕성을 가장 중요한 기준으로 인식하면서도 개인의 능력이나 당선 가능성을 중요하게 생각하는 반면 당 정체성이나 당내 기여도는 중요하지 않은 요인으로 취급하고 있다. 민주평화당 소속 당원들은 당 정체성을 가장 중요하게 생각하고 도덕성이나 개인의 능력을 그 다음으로 중요하게 인식하고 있었다. 반면 당선가능성이나 당내 기여도는 거의 중요하게 생각하지 않는 것으로 나왔다. 정의당은 도덕성과 당 정체성을 가장 중요하게 생각하는 반면 개인의 능력이나 당선 가능성, 당내

〈표 2〉 이념성향과 공천기준과의 상관관계

(단위: %)

		사례수(명)	도덕성	개인의 능력	당 정체성	당선 가능성	당내 기여도
		1,294	37.6	23.5	21.3	11.7	5.9
이념성향	진보	608	40.6	19.8	24.5	11.3	3.9
	중도	326	37.3	31.2	13.5	8.6	9.3
	보수	360	32.7	22.9	22.9	15.1	6.3

〈표 3〉 당내 후보 공천에서 중요하게 고려할 점

(단위: %)

		사례수 (명)	도덕성	개인의 능력	당 정체성	당선 가능성	당내 기여도
		1,294	37.6	23.5	21.3	11.7	5.9
소속정당	더불어민주당	768	40.9	23.1	20.1	10.1	5.8
	자유한국당	284	36.0	28.5	16.5	12.6	6.4
	바른미래당	77	32.4	27.4	12.0	25.4	2.7
	민주평화당	44	25.3	25.4	29.5	14.5	5.3
	정의당	62	36.9	15.9	32.4	9.2	5.6
	기타	60	19.0	5.7	54.2	10.6	10.5

기여도는 상대적으로 중요하게 생각하지 않았다.

공천 기준에 대한 소속 정당별 차이는 각 정당의 특성을 반영한다. 더불어민주당과 자유한국당은 거대 정당으로 정당의 규모나 당원의 다양성이라는 측면에서 여타 정당들과 구별되며, 이러한 특성으로 인해 당 정체성이나 당선가능성에 대한 고려가 상대적으로 낮다. 바른미래당은 신생 보수정당이면서 자유한국당과 이념적 성향이나 정치적 뿌리를 같이하는 정당으로 다른 정당에 비해 당 정체성을 덜 중요한 기준으로 인식하는 것으로 판단된다. 반면 민주평화당은 더불어민주당과 정치적 기반이나 이념적 지향이 유사하지만 공천 등 당내 갈등을 이유로 탈당한 의원들이 중심이 되어 결성된 정당으로 더불어민주당과의 차별성을 강조하며, 어느 정당보다 당 정체성을 중요하게 생각한다. 정의당은 다른 정당들에 비해 진성당원 비율이 높고 당원의 참여가 활발한 정당으로 도덕성과 당 정체성을 중요하게 생각하는 반면 개인의 능력이나 당선 가능성은 다른 정당에 비해 중요하게 취급되지 않는다.

한편 공천기준에 대한 정당별 차이는 당원의 특성이나 정체성과도 관련이 있다. 〈표 4〉를 보면 소속 정당을 변경한 경험이 있는 당원이 가장

〈표 4〉 당적 변경 경험 유무

	사례수	당적변경 경험이 있는 당원 수와 비율	당적변경 당원 중 가장 많은 비율을 차지한 전직 정당명	가장 중요한 당적 변경 이유*
더불어민주당	768	110(14.3%)	정의당(20.0%)	② (54.6%)
자유한국당	284	25(8.6%)	민주당(31.7%)	② (69.1%)
바른미래당	77	35(45.7%)	한나라당(47.9%)	③ (41.5%)
민주평화당	44	31(71.3%)	민주당(38.9%)	② (64.0%)
정의당	62	25(39.6%)	더불어민주당(24.2%)	② (37.3%)
기타정당	60	26(44.0%)	새누리당(41.3%)	① (33.4%)

* 당적 변경 이유는 ①정당의 대표나 후보가 마음에 들지 않아서, ②정당의 전반적인 이념이나 정책이 마음에 들지 않아서, ③개인적인 정치경력에 도움이 되지 않아서, ④가족 혹은 주변 지인들이 반대해서 4가지 각각에 대해 동의 여부를 물었으며, 각각의 질문에 대해 동의여부를 물었음.

많은 정당은 민주평화당(71.3%)이고 다음 순위가 바른미래당(45.7%)이다. 두 정당은 민주당(더불어민주당) 혹은 한나라당에서 당적을 바꾼 당원들이 다수를 차지하지만 당적 변경 이유는 서로 다르다. 바른미래당의 경우 가장 중요한 당적 변경 이유가 "개인적인 정치경력에 도움이 되지 않아서"인 반면, 민주평화당은 "당의 정책이나 이념이 맘에 들지 않아서"라는 응답이 가장 많았다. 이는 민주평화당 당원들의 상당수가 민주당, 혹은 더불어민주당 내에서도 특정 요소(아마도 호남이라는 지역성)에 대한 충성도가 높은 소수가 모인 정당이라고 볼 수 있으며, 당원들간의 정체성이 다른 정당에 비해 매우 높으리라고 예상할 수 있다. 이러한 점이 공천기준으로 당 정체성을 가장 중요하게 생각하는 이유일 것이다. 또한 뒤에서 살펴보겠지만 완전국민경선에 대한 선호가 가장 낮게 나타나는 이유일 수도 있을 것이다. 가장 개방성이 높은 공천제도인 완전국민경선제를 채택할 경우 당의 정체성이 약화될 수 있기 때문이다.

반면 바른미래당의 경우 상당수 당원이 자유한국당의 전신인 한나라

당에서 탈당한 사람들이지만 민주평화당의 사례와 달리 특별히 중요한 당적변경 이유를 찾기 어렵다. "개인적인 정치경력 때문"이라는 응답이 41.5%로 가장 높게 나온 반면 "정책이나 이념이 맘에 들지 않아서"(38.9%)라거나 "당대표 혹은 후보자가 맘에 들지 않아서"라는 응답(36.9%)은 상대적으로 높지 않다. 이런 점으로 볼 때 바른미래당은 한나라당에서 탈당한 당적변경자가 다수인 정당이지만 당원들의 정체성이나 당에 대한 충성도가 높지 않으리라는 것을 짐작할 수 있다. 또한 다른 정당들에 비해 공천 기준으로 당선 가능성을 선택한 응답율이 높게 나온 이유일 것이다.

한편 응답자 대부분(94.8%)이 일반당원(67.4%)이거나 책임당원(27.4%)이라는 점에서 평당원의 입장에서는 후보자 공천의 기준으로 도덕성이나 개인의 능력을 가장 중요하게 여긴다고 볼 수 있다. 하지만 2절(정당공천 현황과 쟁점)에서 살펴보았듯이 실제 공천을 주도하는 당 지도부의 입장에서는 도덕성보다 당선 가능성이나 당내 기여도를 더욱 중요한 판단의 기준으로 볼 수도 있다. 더불어민주당, 자유한국당, 바른미래당 등 주요 정당들이 모두 전략 추천을 명시하고 있다는 점, 경선을 원칙으로 하더라도 실제 공천 결과는 단수 공천인 사례가 많다는 점, 그리고 단수공천을 할 경우 그 사유는 대체로 후보자의 선거 경쟁력이 현저히 높은 경우인 점 등을 그 근거로 볼 수 있다.[16] 하지만 최근 인사청문회 등과 관련하여 도덕성에 대한 국민들의 요구가 강화되면서 당 지도부에서도 공천 기준으로 도덕성을 강조하겠다는 언급이 나타나고 있다. 최근 '2020 총선

---

16. 자유한국당의 경우 단수 후보자 추천의 이유로 공천 신청자가 1인인 경우나 복수의 신청자 중 1인의 경쟁력이 월등한 경우라고 명시하고 있다(당규 제27조 단수 후보자 추천). 더불어민주당은 1명의 후보자가 신청한 경우 혹은 복수 후보자 중 1인의 능력이나 경쟁력이 현격하게 뛰어난 경우 단수 추천이 가능하다고 규정하고 있다(당규 제39조).

제도기획단'을 구성하고 후보자 공천 기준을 마련하면서 후보자들의 재산 형성 과정을 검증하겠다는 계획을 밝히는 등 도덕성을 중요한 기준의 하나로 제시한 더불어민주당이 그 사례이다.[17]

2. 바람직한 후보 공천 방법: 과반이 국민경선 선호

당원인식조사에 따르면 당원들은 국민경선(경선방식과 여론조사 방식을 포함, 53.7%), 당원투표(25.1%), 완전국민경선(18.3%) 등 경선 방식을 선호하는 반면 전략공천이나 단수공천에는 반대한다. 또한 완전국민경선과 같이 당원 비당원 구분 없이 모든 사람이 경선 과정에 참여하도록 하는 방식보다는 당원의 권리가 인정되는 국민경선 방식을 선호하는 것으로 나타났다.

바람직한 공천방식에 대해서는 정당별로도 차이를 보이는데 더불어민

〈표 5〉 바람직한 후보 공천 방법

(단위: %)

		사례수 (명)	당원과 당원이 아닌 유권자가 참여하는 국민 참여경선	당원투표와 국민여론조사의 합산	당원 투표	유권자 누구나 참여할 수 있는 완전국민경선	전략공천 혹은 단수공천
		1,294	27.8	25.9	25.1	18.3	2.9
소속정당	더불어민주당	768	31.1	23.9	23.3	19.5	2.2
	자유한국당	284	22.9	28.9	23.3	20.0	5.0
	바른미래당	77	19.2	25.9	31.2	19.8	3.9
	민주평화당	44	39.9	28.9	17.7	8.4	5.0
	정의당	62	28.3	30.0	27.9	13.9	0.0
	기타	60	10.6	31.7	51.1	5.2	1.5

17. 서영지·이지혜, "이해찬, 청 인사검증 시스템 국민 눈높이 맞춰 보완해야: 민주, 공천 재산형성 과정도 심사," 한겨레신문, 2019.4.17.일자 기사.

주당 당원들은 국민참여경선, 당원투표와 여론조사의 합산, 당원투표, 완전국민경선의 순으로 지지하였는데 전체 응답자의 과반(55%)이 국민참여경선(1순위) 그리고 당원투표와 여론조사의 합산(2순위) 방식을 선택하였다. 자유한국당은 국민참여경선보다 여론조사와의 합산 방식을 선호하였는데, 이는 지난 17대 대선과 18대 대선에서 자유한국당이 선택한 경선 방식으로 비교적 자유한국당 지지자들에게 익숙한 경선방식이기 때문으로 보인다.

한편 바른미래당 당원들의 경우 거대 정당인 더불어민주당이나 자유한국당 당원들과 달리 당원투표를 가장 바람직한 공천방법(31.2%)으로 인식하고 있었다. 반면 민주평화당 당원들의 경우 국민참여경선을 가장 선호하였고, 당원투표를 선택한 응답자는 전체의 17.7%에 불과하다. 이는 바른미래당과 민주평화당이 군소정당임에도 불구하고 당원의 구성이나 정당에 대한 지향점이 다를 수 있음을 보여 준다.

가장 흥미로운 것은 정의당인데, 기본적으로 국민경선이나 여론조사를 실시하고 있는 여타 정당들과 달리 당원투표로 후보를 선출하는 정당임에도 바람직한 공천 방법으로는 당원투표보다 국민참여경선이나 당원투표와 여론조사의 합산 방식을 선호한 응답자가 더 많았다. 이는 정의당 당원들 사이에서 당세 확장 등을 이유로 경선 과정에 당원이 아닌 유권자를 참여시키는 방식을 선호하는 것이라 보인다. 또한 정의당은 다른 정당들에 비해 진성당원 비율이 높고 당 정체성이 높은 반면 당의 확장성이 낮아 실제 선거에서 득표율이 낮은 군소정당이라는 점에서 오히려 당의 외연을 확장하기 위한 방안으로 국민 참여형 경선방식을 선호한다고 해석할 수 있다. 이는 최근 프랑스 사회당이 대선에서 국민경선 방식으로 후보자를 선출한 사례나 영국 노동당이 당수 선출시 온라인 지지자들에게 참여

자격을 부여한 것과 같은 맥락으로 볼 수 있다.

한편 당원투표에 비해 국민경선 방식이 더욱 선호되는 것은 당원 경력이나 당비 납부 여부 등 당원의 충성도와도 관련되는 것으로 보인다. 〈표 6〉을 보면 응답자 중 다수(36.9%)는 당원으로 활동한 기간이 1년 미만이었으며, 2년이 채 못되는 사람들이 전체 응답자의 69%에 달한다.[18] 이는 한국의 주요 정당들에서 당원으로 활동하는 기간이 그리 길지 않음을 보여 준다. 다만 상대적으로 민주평화당과 자유한국당이 평균 4.4년과 4.3년으로 당원 활동 기간이 긴 반면 바른미래당(3.7), 더불어민주당(3.2), 정의당(3.0) 등 여타 정당들은 당원들의 활동기간이 평균 3년 정도였다. 정의당의 경우 1년 미만 당원 비율이 42.4%로 가장 높은데, 이는 정의당의 당원 구성상 최근 박근혜 전대통령 탄핵이나 제19대 대선을 거치면서 가입한 당원들이 다수를 차지하기 때문으로 판단된다. 이처럼 최근 가입한 당원들의 경우 경력이 오랜 당원들에 비해 당원투표 등 정당 내에서 이루어지는 정책 결정과정이나 공천 과정에 적극적으로 참여한 기간이 짧을 것으로 보이며, 이러한 성향으로 인해 당원투표 방식보다 국민경선 방식

〈표 6〉 정당별 당원 활동 기간

(단위: %)

		1년	2년	3년	4~9년	10년 이상	평균
전체		36.9	22.1	15.0	14.5	11.4	3.6
소속정당	더불어민주당	35.7	27.1	15.1	14.5	7.6	3.2
	자유한국당	40.1	10.7	12.8	18.3	4.3	4.3
	바른미래당	30.3	29.4	24.1	3.8	3.7	3.7
	민주평화당	33.7	22.7	8.7	19.8	4.4	4.4
	정의당	42.4	17.3	23.0	11.1	3.0	3.0
	기타	40.7	8.3	10.3	10.4	5.5	5.5

18. 당원 활동기간은 당적이 변동된 경우 이전 경력까지를 포함한 기간이다.

을 선호했을 가능성도 있다.

당비 납부 내역을 살펴보면 64.8%가 당비를 납부한다고 응답하여 진성당원의 비율이 비교적 높은 편임을 알 수 있다. 다만 정당별로 차이가 발견되는데, 정의당이 84.4%로 진성당원 비율이 가장 높은 반면 바른미래당은 54.5%로 절반이 조금 넘는 당원들이 당비를 내고 있다. 당비 납부 금액을 살펴보면 더불어민주당은 절반이 넘는 51.8%의 당원들이 월 2,000원 미만의 당비를 내고 있는 반면, 정의당은 77.4%의 당원들이 월 10,000원 이상의 당비를 내고 있다. 정당별 당비 납부 내역을 비교하면 더불어민주당(70.2%)과 자유한국당(72.6%)의 경우 월 5,000원 미만의 당비 납부자가 대부분이다. 반면 군소정당인 정의당(77.4%), 민주평화당(64.2%)은 월 10,000원 이상 당비를 납부하는 당원 비율이 높았다. 이는 정당의 규모와 반비례하여 당원들의 정당 충성도가 높다는 것을 보여 준다. 또한 군소 정당 중에서도 정의당과 민주평화당이 정당 충성도가 높은 반면 바른미래당은 상대적으로 낮은 편이다. 이러한 결과는 공천기준을

〈표 7〉 정당별 당비 납부자 비율 및 월 평균 납부 금액

(단위: %)

		당비 납부자 비율	월평균 당비 납부 금액					
			1,000~2,000원	2,000~5,000원 미만	5,000~10,000원 미만	10,000~20,000원 미만	20,000원 이상	평균(원)
전체		64.8	40.9	19.0	12.2	19.2	8.7	9584.1
소속정당	더불어민주당	65.3	51.8	18.4	11.7	11.2	6.9	9277.4
	자유한국당	55.6	39.7	32.9	5.4	14.5	7.5	7652.2
	바른미래당	54.4	30.2	16.7	16.7	19.5	16.9	11977.4
	민주평화당	73.8	17.0	12.8	5.1	45.4	18.8	15025.7
	정의당	84.4	3.3	0.0	19.4	60.6	16.8	12463.6
	기타	86.9	0.0	7.3	31.5	52.9	8.3	10209.1

분석한 1절에서 바른미래당 당원들이 다른 정당들과 비교하여 공천 기준으로 개인의 능력을 중시하고 당적 변경 이유로 개인의 정치경력을 선택한 비율이 높다는 점과 일맥상통한다.

공천은 당 지도부와 일반 당원의 견해가 확연히 갈리는 부분이다. 같은 정당의 당원이더라도 일반당원의 경우 전략공천에 반대하는 반면 당 지도부나 당직자들은 전략공천의 필요성을 인정한다. 더불어민주당이나 자유한국당, 바른미래당의 당규에서 전략공천을 규정하고 있는 것은 이러한 점을 보여 준다. 2017년 명지대학교 미래정치연구소에서 당직자들을 대상으로 실시한 전문가 심층면접 결과를 보면 상향식 공천이 바람직하지만 정당에게 필요한 인재나 정치신인을 충원하고 취약지역에서 경쟁력 있는 후보를 공천하기 위해 전략공천이 필요하다는 의견이 다수 발견된다(윤종빈 · 정회옥 외, 2017).

상향식 공천이 바람직한 방향이라고 인식하는 점에서는 일반당원이나 당직자 혹은 당 지도부의 입장이 일치하지만 공천 주체를 어디까지 확대할 것이냐에 대해서는 입장이 갈린다. 일반 당원들은 당원과 국민이 함께 참여하는 국민경선이나 여론조사와 당원투표의 합산 방식을 선호하는 반면 당직자들은 당원 혹은 선출된 대의원투표를 통한 공천방식이 바람직하다고 인식한다. 당직자들의 경우 당원이 아닌 유권자들에게 공천권을 주는 것은 당의 정체성을 떨어뜨릴 뿐 아니라 자질이나 능력이 검증되지 않은 후보가 추천될 수 있는 부작용이 있다고 인식하고 있었다(윤종빈 · 정회옥 외 2017). 특히 여론조사 경선에 대해서는 우려를 표하는 경우가 많았다.

"여론조사 같은 경우는 이미 문제가 발생해서 이번에는 안심번호를 채택하기도 했다. 정당은 여론조사 기관이 아니다. 정당의 정책과 이념에 동의하는 후보자가 공천되어야 한다."[19]

또한 당직자들의 경우 공천 과정에 중앙당이나 당 지도부가 영향력을 행사하는 것이 정당의 입장에서는 당연하다는 평가들이 많았다(윤종빈·정회옥 외 2017). 당원이나 유권자들이 정당 공천 과정에 참여하는 것은 바람직하지만 최종 결론은 정당 지도부들이 내리는 것이 바람직하다는 견해를 볼 수 있었다.

3. 공천을 비롯하여 정당의 중요 정책결정은 누가 하는가?

민주적인 정당이라면 당원이 공천을 비롯한 정당의 주요 정책 결정과정에 참여할 수 있어야 한다. 하지만 응답자들 다수는 당의 주요 정책결정 과정에 미치는 당원들의 영향력은 낮은 것으로 인식하고 있었다. 설문조사 결과 소속 정당 내 주요 정책결정에 가장 큰 영향을 미치는 집단으로 중앙당 지도부(53.8%)를 꼽은 응답이 가장 많았다. 또한 국회의원(23.0%)이라는 응답도 많아서 응답자 중 다수(76.8%)는 공천 등 정당의 주요 정책이 중앙당지도부와 국회의원에 의해 결정된다고 인식하고 있다. 반면 일반당원(8.9%)이나 권리/책임당원(8.5%)은 상대적으로 영향력이 낮은 것으로 인식되고 있었다. 또한 시도당 지도부의 영향력이 낮고 중앙당 지도부의 영향력이 가장 크다고 인식하고 있다는 점은 정당의 운영이 중앙당 중심으로 이루어지고 있음을 보여 준다.

---

19. 더불어민주당 당직자 인터뷰 내용. 윤종빈·정회옥 외 2017에서 재인용.

〈표 8〉 당의 주요 정책 결정에 누가 가장 큰 영향력을 행사하는가?

(단위: %)

		사례수 (명)	중앙당 지도부	국회 의원	일반 당원	권리/ 책임당원	시도당 지도부	모름/ 무응답
		1,294	53.8	23.0	8.9	8.5	4.8	1.0
소속 정당	더불어민주당	768	59.3	23.3	5.8	7.6	3.4	0.7
	자유한국당	284	47.8	28.0	11.8	4.7	5.9	1.7
	바른미래당	77	52.8	19.4	17.6	5.2	3.9	1.0
	민주평화당	44	41.1	21.9	6.4	1.8	26.0	2.9
	정의당	62	49.2	11.5	19.4	17.2	2.8	0.0
	기타	60	26.3	12.3	16.5	37.9	5.3	1.6

흥미로운 점은 더불어민주당이나 자유한국당과 같은 거대정당뿐 아니라 정의당이나 민주평화당과 같은 군소정당에서도 당원의 영향력이 약하다고 인식하고 있다는 점이다. 특히 정의당의 경우 정당에 대한 충성도가 높고 당원들이 공천이나 정책결정과정에 참여할 수 있는 시스템이 갖추어져 있음에도 불구하고 60.7%의 응답자가 당의 주요 정책이 중앙당 지도부와 국회의원에 의해 결정된다고 인식하고 있다는 점이다.

이러한 현실과 달리 다수의 응답자들은 중앙당 지도부의 결정권을 인정하면서도(31.8%) 권리/책임 당원(29.1%)이나 일반당원(15.7%)이 주요 정책 결정에 참여할 수 있어야 한다고 생각하는 것으로 나타났다. 다만 정당별로 살펴보면 자유한국당(39.3%)이나 더불어민주당(31.7%)의 경우 중앙당지도부가 영향력을 행사하는 것이 적절하다는 의견이 많은 반면 정의당은 권리당원이나 일반당원의 영향력이 커야 한다는 응답(64.4%)이 압도적으로 많았다. 흥미로운 것은 민주평화당으로 중앙당지도부(21.4%)와 국회의원(41.0%)의 영향력이 커야 한다는 의견이 전체 응답자의 62.8%를 차지하고 있다. 요약하면 일반적으로 당원들은 중앙당 지도

〈표 9〉 당의 주요 정책 결정에 누가 가장 큰 영향력을 행사해야 하는가? (단위: %)

		사례수 (명)	중앙당 지도부	권리/ 책임당원	국회 의원	일반 당원	시도당 지도부	모름/ 무응답
		1,294	31.8	29.1	18.0	15.7	4.6	0.8
소속정당	더불어민주당	768	31.7	32.4	16.5	14.4	4.1	0.8
	자유한국당	284	39.3	15.8	24.1	16.6	3.1	1.1
	바른미래당	77	26.2	27.3	12.3	19.7	13.5	1.0
	민주평화당	44	21.4	15.7	41.0	12.2	9.7	0.0
	정의당	62	27.1	38.9	4.2	25.5	4.3	0.0
	기타	60	17.9	52.5	12.3	14.7	2.6	0.0

부와 국회의원의 영향력을 다소 줄이고 당원의 영향력을 확대해야 한다는 견해에 동의하지만 정당별로 차이를 보이는데, 특히 정의당에서 당원의 영향력을 강화해야 한다는 견해가 다수라면 민주평화당은 중앙당 지도부와 국회의원의 영향력이 강할 뿐 아니라 이를 바람직하게 여기고 있음을 알 수 있다.

한편 공천 과정에 본인의 의견이 잘 반영된다고 응답한 비율(56.6%)이 그렇지 않다는 응답(43.4)보다 높게 나타났다. 이는 당의 중요 정책 결정에 당원의 영향력이 낮다는 응답내용과는 상반된 결과로 다음 두 가지 해석이 가능하다. 첫째, 당원의 영향력을 묻는 객관적인 질문과 개인의 정치효능감을 묻는 주관적인 질문에 대해 응답자가 다른 방식으로 답했을 가능성이다. 둘째, 최근 상향식 공천이 확대되면서 적어도 공천의 경우 당원들의 의사가 반영될 여지가 많아졌을 가능성이다. 지역구선거의 경우 당원경선 혹은 국민경선 방식으로 실시되는 사례들이 늘어나면서 공천과정에 당원들이 참여할 수 있는 통로가 확대된 것이 그 배경이다. 한편 정당별 격차도 심해서 공천과정에 대한 정치효능감이 가장 높은 정의당

〈표 10〉 공직선거후보자 결정에 본인의 의견이 잘 반영되는가?

(단위: %)

		사례수 (명)	매우 잘 반영됨 ①	반영되는 편 ②	①+②	반영되지 않는편 ③	전혀 반영 되지 않음 ④	③+④
		1,294	6.0	50.6	56.6	33.9	9.5	43.4
소속정당	더불어민주당	768	5.9	52.8	58.7	34.2	7.1	41.3
	자유한국당	284	1.0	41.7	42.7	40.6	16.7	57.3
	바른미래당	77	3.9	37.1	40.9	41.0	18.0	59.1
	민주평화당	44	6.9	50.6	57.5	37.7	4.8	42.5
	정의당	62	19.4	68.2	87.6	11.2	1.2	12.4
	기타	60	18.8	64.5	83.3	9.6	7.1	16.7

(87.6%)과 가장 낮은 바른미래당(40.9%)의 만족도 격차는 두 배가 넘는다. 정의당의 경우 적어도 공천의 측면에서는 정치효능감이 높으며, 이는 당원투표로 후보자를 결정하는 정의당의 공천 시스템을 반영한 것으로 보인다. 반면 자유한국당이나 바른미래당과 같이 보수 정당에서 공천 관련 효능감이 낮은 것으로 나타났다.

4. 정당 정치 발전을 위해 가장 시급한 것: 투명하고 공정한 공천

한국정당의 발전을 위해 가장 시급한 것은 무엇인지를 묻는 질문에 대해 응답자의 58.8%가 투명하고 공정한 공천정치라고 답했다. 이는 현행 공천 시스템이 투명성과 공정성에서 문제가 있으며, 이를 개선하지 않을 경우 한국 정당정치의 발전은 요원할 것이라는데 정당을 불문하고 많은 당원들이 공감하고 있음을 보여 준다. 반면 정강정책이나 유권자의 정당참여, 당원권한의 확대 등은 상대적으로 덜 시급한 것으로 나타났다.

정당 공천은 과거 당 총재나 당대표에 의해 좌우되던 시기에서 점차 상

〈표 11〉 한국정당의 발전을 위해 가장 시급한 것

(단위: %)

		사례수 (명)	투명하고 공정한 공천정치이념과 한국사회에 대한 인식	정부구성과 국정운영을 위한 정강 정책 개발	일반 유권자의 자발적인 정당 참여의 확대	당원의 권한과 책임의 강화	중앙당 축소와 지역조직 강화
		1,294	58.8	14.2	14.0	7.4	5.6
소속정당	더불어민주당	768	59.9	13.7	14.3	6.8	5.4
	자유한국당	284	62.4	15.9	11.1	6.4	4.3
	바른미래당	77	45.8	22.0	14.5	12.7	5.0
	민주평화당	44	47.2	15.3	15.6	14.5	7.4
	정의당	62	54.8	9.3	15.0	5.1	15.8
	기타	60	55.9	7.8	21.3	11.1	3.9

향식 공천이 확대되어 가는 방향으로 변화되고 있다. 특히 지역구선거의 경우 적어도 당헌·당규상으로는 당원투표, 국민경선, 여론조사 등 다양한 방식의 상향식 공천을 규정하고 있다. 하지만 실제 공천 과정에서는 전략투표나 단수공천으로 후보가 결정되는 사례가 많고, 비례대표후보의 경우 사실상 당 지도부에 의해 후보자가 결정된다고 볼 수 있다. 당원들은 이러한 공천 시스템이 한국 정당정치의 최대 걸림돌이라고 인식하고 있다.

Ⅳ. 결론

정당 민주화가 진행되면서 투명하고 공정한 공천에 대한 요구가 강화되고 있다. 정당들은 이러한 요구를 수용하여 2002년 대선 이후 공직선거 후보자 추천 과정에서 당원이나 유권자들의 참여를 확대해 왔다. 하지만 비례대표선거의 경우 여전히 사실상 당 지도부에 의해 결정되고 있으며,

지역구선거에서도 단수공천이나 전략공천이 지속되고 있다. 이 글은 이러한 문제의식에서 공천 관련 현황과 쟁점을 정리하고 당원대상 설문조사를 통해 정당의 공천현황과 방향성에 대한 당원들의 인식을 분석했다.

공천 관련 주요 쟁점은 바람직한 공천기준, 공천의 투명성과 공정성 보장, 공천의 주체, 공천 방식으로 당원대상 설문조사에서도 이 네 가지 쟁점을 중심으로 당원들이 어떻게 인식하고 있는지, 정당간 차별성은 없는지 등을 조사하였다. 첫째, 공천 기준과 관련하여 당원들은 도덕성을 가장 중요한 기준으로 인식하고 있었으며 그 다음으로 개인의 능력, 당 정체성, 당선 가능성, 당 기여도의 순이었다. 다만 상대적으로 정의당과 민주평화당 당원들이 당 정체성을 중요하게 생각하는 반면 바른미래당 당원들은 당선가능성을 중요하다고 인식하고 있다. 이러한 차이는 정당의 탄생 배경이나 당원 특성에서 기인하는 것으로 보인다. 또한 당 지도부의 경우 전략공천의 필요성을 인정하는 등 당선 가능성이나 당내 기여도를 중요하게 생각하지만 당원의 입장에서는 도덕성을 가장 중요한 기준으로 인식하고 있음을 보여 주었다.

둘째, 바람직한 공천 방식에 대해 당원들은 당원과 국민이 참여하는 국민경선 혹은 여론조사 경선 방식을 선호하는 반면 완전국민경선이나 전략공천은 선호하지 않는 것으로 나타났다. 흥미로운 것은 정의당으로 당원투표로 후보를 선출하는 정당임에도 바람직한 공천 방법으로 당원투표보다 국민참여경선이나 당원투표와 여론조사의 합산 방식을 선호한 응답자가 더 많았다. 이는 설문에 응한 정의당 당원의 42%가 활동 경력 1년 미만의 당원이라는 점에서 정책 결정과정이나 공천 과정에 참여한 경험이 적은 경우가 다수이고 당세 확장 등을 이유로 경선 과정에 당원과 유권자가 참여하는 방식을 선호했으리라는 예측이 가능하다.

셋째, 당원들은 공천 등 정당의 주요 정책 결정의 주체가 중앙당 지도부와 국회의원이라고 인식하고 있었다. 하지만 이러한 인식과는 별도로 당원들의 영향력이 더욱 강화되어야 한다고 생각하는 당원들이 많았다. 다만 정당별로 인식의 차이가 있어서 자유한국당이나 더불어민주당, 민주평화당의 경우 중앙당지도부와 국회의원 등 당 지도부의 영향력이 커야 한다고 생각하는 당원들이 다수인 반면 정의당이나 바른미래당의 당원들은 당 지도부보다 당원들의 영향력이 더 커야 한다는 의견이 다수였다.

끝으로 당원들은 한국정당의 발전을 위해 가장 시급한 것이 투명하고 공정한 정당정치라는 인식을 가지고 있었다. 이러한 문제의식은 정당을 불문하고 동일하게 인식하고 있는데, 특히 더불어민주당과 자유한국당의 당원들 가운데 공천 문제를 지적한 비율이 높았다.

바람직한 공천 방식은 하나의 가장 좋은 모델이 있는 것이 아니다. 각 정당의 성격과 특성에 따라 적합한 방식이 다를 수 있다. 또한 동일 정당에서도 당원들과 당 지도부의 견해는 다를 수 있다. 이 부분에 대해서는 당원과 당 지도부의 소통이 중요하다. 일방적으로 당 지도부에서 공천을 좌우하는 것은 더 이상 가능하지도 않고 바람직하지도 않다. 하지만 그렇다고 모든 유권자에게 공천권을 개방하는 것에 대해서는 당 지도부나 당원들도 선호하지 않는 것으로 보인다. 그 중간 어딘가의 지점, 당원의 역할과 권한을 인정하면서도 국민 여론을 참고하거나 선거구민의 참여를 일정부분 허용하는 방안이 필요하다.

참고문헌

김병록. 2012. "당내 민주주의와 공천의 민주성." 『고시계』 57(7).

김용호. 2003. "한국정당의 국회의원 공천제도: 지속과 변화." 『의정연구』 9(1).

박찬표. 2016. "국민참여경선제의 제도 차이의 발생 배경에 대한 연구: 16~18대 대선 후보 경선제도 비교." 『미래정치연구』 6(1).

윤종빈·정회옥. 2017. 『정치현장에서 진단하는 한국 정당과 민주주의』 서울: 푸른길.

이현출. 2003. "대통령선거와 총선의 후보선출과정." 『의정연구』 9(1).

장훈. 2002. "보이는 목표와 보이지 않는 결과: 미국과 한국의 대선후보 선출과정의 개혁과 정당구조의 변동." 『의정연구』 8(2).

Hazan, Reuven and Rahat, Gidon. 2010. *Democracy within parties: candidate selection methods and their political consequences*. New York: Oxford University Press.

Sartori, Giovanni. 1976. *Parties and Party Systems: A Framework for Analysis*. Cambridge: Cambridge University Press.

Schattschneider, E.E. 1942, *Party Government*. New York: Holt, Rinehart and Winston.

국회의안정보시스템(http://likms.assembly.go.kr/bill/main.do)

법제처 법령정보시스템(http://www.moleg.go.kr/main/main.do)

제6장

플랫폼 시대, 당원 인식을 통한 한국형 정당모델의 모색

박지영·윤종빈
명지대학교

본 장은 필자의 논문, "정보화 시대 대의 민주주의 위기극복을 위한 한국형 정당 모델의 모색," 『미래정치연구』 제9권 1호(2019)를 일부 수정, 보완한 것이다.

I. 서론

정보통신 기술의 발전이 우리 삶의 모든 영역에 급격하게 영향을 미치고 있다. 기존 신문과 TV처럼 일방적으로 컨텐츠를 제공하던 웹 1.0 시대에서 인터넷을 이용하는 모든 사용자에게 개방, 공유, 참여가 자유로운 웹 2.0 시대를 지나, 현재는 인터넷 기술의 급속한 진화로 사용자의 상황에 맞게 정보를 검색하고 재가공하여 맞춤형 서비스를 제공하는 웹 3.0 시대가 도래하였다. 이처럼 전통적 미디어의 디지털화가 가속화됨에 따라 나타나는 디지털 컨버전스(digital convergence)는 기술적, 경제적 변화를 넘어서 사회정치적 변화를 수반하는 거대한 패러다임의 전환을 가져오고 있다. 특히 디지털 컨버전스라는 새로운 기술 환경에서 정치참여의 형태 역시 기존의 거대담론 중심이 아닌 일상적 이슈 중심으로 이뤄지고 있으며, 일방향적이던 의사소통구조가 쌍방향적 구조로 변화되고 있다. 또한 중앙집권적이고 대규모 집단동원 중심의 참여방식 역시 자발적이고 분산된 네트워크 중심의 개인화된 정치참여 방식으로 변모하고 있다. 이러한 정치참여 방식은 온라인과 오프라인 사이의 경계가 무너지고 일상생활과 정치가 밀접해져 좀 더 다층화되고 복잡해지는 방식으로 진화하는 양상을 보여주고 있다.

그러나 이처럼 정보기술의 발달로 시민들의 다양한 정치참여가 증가되었다고 해서 반드시 민주주의가 심화되었다고 낙관할 수만은 없다. 시민들의 정치참여 편의성이 시민들의 합의를 도출하기보다는 상충되는 의견들의 난립으로 오히려 정치적 갈등과 분쟁을 야기할 수도 있으며 익명성으로 인하여 정치적으로 무책임한 발언 및 행동이 등장할지도 모른다. 대의민주주의가 제대로 작동하기 위해서는 시민의 참여가 중요하지만 미국을 포함한 대부분의 국가에서 시민들의 정치참여는 저조한 편이며, 투표율은 하락하는 추세이고 전통적인 정당의 영향력은 점차 약화되고 있다. 게다가, 입법부, 사법부, 행정부에 대한 시민의 실질적인 참여가 활발히 이루어지지 못하고 있기 때문에 주기적으로 돌아오는 선거에서 자신이 지지하는 후보자나 정당에게 투표를 하는 것이 정치참여의 전부라고 해도 과언이 아니다. 결국, 이러한 상황 하에서 시민들은 점차 정치에서 멀어지고 무관심해질 수밖에 없다. 그렇다면 한국의 정당들은 정보화라는 새로운 시대 속에서 대의 민주주의의 위기를 극복하기 위해 어떻게 변화해 나아가야 할 것인가?

사실 정보통신기술의 발달과 함께 국민의 직접적인 정치참여를 활성화시킴으로써 대의민주주의의 위기를 극복하려는 움직임은 오래전부터 제기되어 왔다. 특히 2000년대 초반부터 인터넷을 통한 시민들의 정치참여가 활성화됨에 따라, 정치후보자는 소셜미디어나 홈페이지, 블로그를 통해 자신을 알리고, 시민들은 SNS 상에서 후보자와 토론하거나 인터넷 게시판에 자신의 의견을 표현하기도 한다. 본 논문에서는 인터넷 및 전자매체를 통하여 시민들의 직접적인 정치참여를 가능하게 만든 일련의 정치적 현상 및 제도를 '전자민주주의'로 정의하고 인터넷을 통한 여론 수렴, 사이버상의 선거캠페인 및 홍보, 온라인 투표, 전자의회, 전자공청회 등을 종래의 대의민주주의가 갖는 한계를 보완할 수 있는 잠정적 대안으로 주목하였다. 비록 전자민주주의로 인해 인터넷을 통한 토론이 활성화되고 풀뿌리 민주주의를 발전시킬 수 있다는 장점이 있으나, 전통적인 정당이나 의회의 역할을 축소하는 등 대의민주주의를 위협한다는 비판이 제기되기도 한다. 또한 정보격차(digital divide)로 인한 정보 불평등의 문제, 이념적 편향성의 극대화, 그리고 개인의 프라이버시 위협 등과 같이 개인

정보를 독점하는 문제도 발생할 수 있다.

본 논문에서는 최근의 정보통신기술로 인해 대의민주주의가 당면한 위기를 조명해 보고 더불어 기술혁신이 대의민주주의의 주요 행위자인 정당에게 미치는 영향 그리고 그 대응 방안으로써 한국형 정당모델을 모색하고자 한다. 이를 위하여 정당의 기능을 '조직으로서의 정당'(Parties as Organization), '정부 속 정당'(Parties in Government), '유권자 속의 정당'(Parties in the Electorate)으로 분류한 키(V. O. Key 1964)의 분석틀을 바탕으로 하여 한국 정당의 현실 및 문제점을 살펴본 뒤 정보화 시대에 조응하는 한국형 플랫폼 정당모델을 기존정당 모델의 대안으로 제시하고자 한다.

종합적으로 본 논문은 정보화 시대에 대의민주주의가 약화되고 있다는 위기감이 확산되고 있는 가운데 전통적인 정당의 역할을 넘어선 한국형 플랫폼 정당모델을 통해 민주주의의 중요한 행위자인 정당의 새로운 역할과 유권자의 폭넓은 정치참여와 정치행위자들 사이의 통합의 정치 가능성에 대하여 모색한다. 이를 위하여 제2장에서는 정보화 시대 대의민주주의의 전반적인 위기에 대하여 조명하고, 제3장에서는 정보통신기술의 발전이 한국정 당에게 가져올 위기 및 기회에 대하여 구체적으로 알아본다. 제4장에서는 키(V.O.Key)의 분석틀을 바탕으로 기존 정당모델에 대한 대안으로서 '플랫폼 정당' 모델에 대하여 살펴본다. 마지막으로 결론에서는 본 연구를 요약하고 정보화 시대의 한국형 플랫폼 정당모델이 주는 정치적 함의에 대하여 생각해 본다.

II. 대의민주주의의 위기

대의민주주의는 국민으로부터 권력을 위임받은 대표자가 국민을 대신해 공동체의 의사를 결정하도록 하고 그 결정을 국민의 의사로 간주하는 정치체제이다. 즉, 공동체의 구성원이 직접 정치에 참여하고 결정하는 번거로움과 기술적인 어려움을 피하면서도 국민주권을 실현하는 제도적인 장치로서 고안되었다. 따라서 대의민주주의 제도가 제대로 작동하기 위해서는 대표하는 자와 대표되는 자 사이의 동일성이 전제되어야 한다. 만약 대표자가 대표되는 자를 대표하지 않는다면 "국민은 투표일에만 자유롭다"는 루소의 지적처럼 대의민주주의 제도의 형식과 내용이 불일치하게 되는 위기가 초래하게 된다.

역사적으로 볼 때, '대의민주주의의 위기'라는 현상은 1970년대 이후 서구 민주주의 국가에서 투표율의 지속적인 저하, 정당 일체감의 약화, 정당 당원 수의 감소, 당비 납부자의 감소 등 정당을 근간으로 한 대의민주주의 체제의 약화 현상으로 시작되었다. 실제로 정당일체감이 약화되면서 어느 정당에도 속하지 않는 무소속 유권자의 수가 크게 늘어났으며 사회 계층의 이동 증대, 이념적 분화, 그리고 새로운 이슈의 출현과 같은 정치사회적 변화도 함께 나타났다. 그 이후에도 탈산업화, 세계화의 진전과 함께 대의민주주의가 국민의 의사와 이해관계를 적절하게 반영하지 못하게 되면서 정당성이나 효율성에 대한 의구심이 지속적으로 제기되었고 그 근간인 대표성, 응답성, 책임성의 원칙들도 효과적으로 유지되지 않게 되었다. 즉 시민들의 정치적 이해를 대의할 수 있는 대표자를 선거라는 제도적 기제를 통해 선출하고 이렇게 선출된 대표자는 시민들과 지속적으로 소통하며 책임을 지는 메커니즘이 제대로 작동하지 않게 된 것이다. 결과적으로 투표율은 지속적으로 하락해 선출된 대표자들의 정치적 대표성에 대한 논란이 증가하고, 그렇게 해서 선출된 대표자들의 소통 능력과 책임성에 대한 평가 역시 부정적이 되었다. 이러한 시민들의 인식은 대의민주주의를 지탱하는 정당과 같은 핵심 제도에 대한 불만과 불신으로 연결되었다(Lijphart 1997; 윤종빈 2016; 정재관 2013).

이러한 상황에서 인터넷과 휴대폰, 그리고 소셜네트워크 서비스(SNS: Social Network Service) 이용의 전 세계적 확산으로 대표되는 정보통신기술 혁명은 시민들의 삶을 획기적으로 바꾸며 위기의 대의민주주의 제도를 수정 또는 보완 혹은 질적으로 보다 개선된 새로운 민주주의의 가능성을 제시할 수 있는 것으로 인식되기 시작하였다. 특히 인터넷이라는 매체가 갖는 고유한 속성인 동시성, 정보확산의 신속성, 소통의 쌍방향성, 그리고 분산이라는 특성 때문에 시간적, 공간적 제약에서 벗어날 수 있을 뿐만 아니라 권위적이거나 위계적인 제도적 기구 혹은 거대 자본이나 조직의 개입에서 벗어나 개개인이 자유롭게 정치적 정보를 주고받고 여론을 형성하고 집단 행동에까지도 나설 수 있게 된 것이다. 인터넷 등장 이전의 사회가 단일의 권위적 중심을 갖는 수직적 위계구조였다면 이제는 다원성에 기초한 수평적인 네트워크가 중시되는 형태로 변화하게 되어 정치 참여의 주체로서 개별 시민의 자율성과 독립성, 영향력이 인터넷의 출현과 함께 크게 증대된 것이다(Cairncross 1999).

그러나 정당과 같은 제도적인 기구를 통한 참여가 아닌 인터넷을 통한 정치참여의 활성화는 참여의 확대, 개방성, 민주성, 반응성, 투명성에 대한 낙관적인 예상과 함께 불평등, 정치적 책임성, 대표성에 대한 문제점 등으로 인해 정치발전에 역행하는 결과를 초래할 수도 있음을 결코 간과해서는 안된다. 일례로 인터넷 정치참여와 관련하여 포퓰리즘에 대한 우려가 제기되는 것도 바로 이러한 특성 때문이라고 할 수 있다. 이처럼 인터넷은 기존의 대의민주주의의 방식을 뛰어넘는 새로운 정치참여의 유형을 만들어내고 있지만, 동시에 적지 않은 문제점도 내포하고 있다. 따라서 이러한 문제점을 해결하기 위해서는 정보화 시대의 도래라는 변화에 대한 정당의 능동적 대응과 새로운 한국형 정당모델에 대한 고려가 필요하다. 민주주의와 정당과의 관계에 대해 "민주주의를 만드는 것은 정당이며, 정당 없는 현대 민주주의는 생각할 수 없다(Political parties created democracy and modern democracy is unthinkable save in terms of parties)"고 말한 샤츠슈나이더(Schattachneider 1942, 1)와 "정당 없이 민주주의는 작동할 수 없다(democracy is unworkable save in terms of parties)"고 언급한 알드리치(Aldrich 1995, 3)의 논의는 정보화로 인한 대의민주주의의 위기를 해결하기 위한 방안을 대의민주주의 제도의 이면에서 작동하고 있는 정당의 역할과 기능에서 찾을 필요가 있음을 시사하고 있다. 따라서 다음 장에서는 이러한 논의를 토대로 한국적 맥락에서 정보화 시대로의 전환이 전통적인 대의기구인 정당에 미친 영향을 살펴본 뒤, 현대 대의민주주의의 위기를 극복하기 위한 방안의 일환으로 한국 정당의 역할과 모습은 어떻게 변화되어야 하는지에 대해 살펴보도록 하겠다.

III. 정보화시대 한국정당의 운영현실

1. 정보통신기술의 발달과 정당

정당은 정치발전의 근간이며 정책결정에 참여하는 핵심 행위자이다

(Dalton and McAllister 2007, 139). 이 때문에 정당은 현대 민주주의의 실현과 발전을 위한 중요한 구성요소로서 정당 없는 민주주의는 상상할 수도 없다. 국민의 대표를 선출해서 그들이 정치를 책임지게 하는 대의민주주의의 발전과 함께 정당의 기능은 강화되었고 국민들은 정당을 통해서 자신들의 이해관계를 실현하려고 하였다. 그러나 최근 들어 정보통신기술의 발전과 대중매체의 영향력 증대로 인해 정당의 기능은 점차 약화되어 가고 있다. 과거 당원 조직과 당원의 참여에 의해 주도되던 선거운동 방식이 대중매체의 발전으로 변화하게 되면서 TV 등을 통한 홍보가 보다 중요한 의미를 갖게 되었고, 이에 따라 과거처럼 다수 당원의 참여와 동원을 통한 이익 결집과 이익 표출의 기구였던 정당의 대중정당적 속성이 변화를 맞이하게 된 것이다. 따라서 현 시대의 정당정치는 '전통적인' 대중정당적 속성의 약화뿐만 아니라 정보화 시대를 맞이하여 더욱 커다란 변화의 가능성에 직면해 있는 것이 사실이다. 특히, 정치 영역에서 온라인을 통한 보다 효율적인 의사소통과 정치적 견해의 결집, 온라인과 오프라인이 결합된 정치적 집단행동 등 과거에 볼 수 없었던 새로운 유형의 정치참여가 이제 일반적인 현상이 되었다. 정치정보의 생산, 유통, 확산 체계 역시 크게 변모하여 정당, 언론, 이익집단 등 제도화된 기구나 거대한 자본을 필요로 하는 중간 매개 기관의 중개나 개입 없이도 개별 시민이 각자 스스로 정보를 수집하고 확산하고 해석하는 역할을 담당할 수 있게 되었다. 즉 정치정보 유통 과정에서 정당과 같은 중간 매개체의 역할과 영향력이 축소되는 대신 시민들의 자율적인 참여와 활동의 중요성이 증대된 것이다.

정보기술의 발달이 정당에 미치는 영향을 다룬 기존 연구는 대체로 두 가지 시각으로 나뉜다. 첫 번째는 정보기술의 발달이 정당 체계의 재편이나 대의민주주의의 변화를 이끌 것이라는 시각이다. "새로운 정보통신기술은 국민과의 직접적인 협의를 가능하게 함으로써 정당을 비롯한 중간조직들이 이익대표의 기능을 상실"하게 하며, "시민들은 더 이상 자신의 의사결정권을 정치적 대표자에게 위임하지 않아도 되는 상황이 도래"하게 된다는 것이다. 다시 말해 정당의 기능이 약화되고 참여가 강조되는 직접민주주의적인 형태로 변모하게 될 것이라는 시각이다. 즉, 인터넷이 효과적으로 정당을 대신함으로써 "정당은 주변화하고 정당 없는 정치(par-tyless politics)가 활성화될 것"(장우영 2007, 97)이라는 주장이다.

이러한 주장은 정보화가 정보의 획득, 확산, 공유 등 소통에 있어 개별 시민이 주도적인 역할을 할 수 있게 함으로써, 정치참여나 정치적 동원에 있어서 개별 시민의 권한이 강화될 것이라는 '수요자 중심'의 정치 과정에 대한 기대감의 반영이기도 하다. 과거처럼 정당이나 정치 엘리트들이 정당 조직을 통한 동원이나 의제설정 등을 통해 정치적 주도권을 행사하고 정치 정보 제공과 해석의 기능을 담당했던 '공급자 중심'의 정치과정과는 근본적으로 다른 현상이 나타날 것을 전망하는 것이다. 이런 시각에서는 정보화의 발전이 결국 기존의 대중정당적 정당 구조를 쇠퇴시키고 사이버 공간을 기반으로 하는 새로운 정당 조직 형태가 출현하게 될 것으로 보고 있다. 그 결과 오프라인에서 대규모 조직을 유지해 온 기존 정당이 갖는 조직상의 우월감이나 제도적 유리함이 줄어들게 될 것이고, 그만큼 정당체계 역시 유동적으로 변화해 갈 가능성이 높아지게 되는 것이다. 즉, 정보화의 진전이 정당의 위기를 야기하는 것이다(윤성이·장우영 2007). 실제로 우리나라에서도 정보화 이후 정당을 통하지 않고서 정치 의사를 표출하는 환경이 조성되고 있다. 2002년, 2008년, 그리고 2016~2017년의 촛불 시위에서 본 것처럼 정당을 거치지 않은 정치참여가 조직되고 일어나고 있다. 또 사회가 다원화되면서 기존 정당이 다루어 오지 않은 이슈가 분출하고 있다. 그런 점에서 정당은 새로운 도전에 직면했다고 볼 수 있다.

위의 시각과 상반되는 두 번째 시각은 정보화의 진전에 대해 정당과 의회가 적극적으로 대응하고 적응해 갈 수 있다고 보는 것이다. 정당이 주도적으로 새로운 소통 수단을 도입하고 이용함으로써 보다 효과적으로 자신의 지지자 집단을 관리하고 유지해 나갈 수 있다는 것이다. 이런 입장에서는 정보화가 기존 대의민주주의를 근본적으로 약화시키거나 정당체계의 재편으로 이끌 것이라는 시각에 동의하지 않는다. 정보화의 진전이 정당체계나 의회라는 대의제의 역할을 결코 약화시키지 않으며 오히려 내부 조직의 효율성을 높이고 유권자 및 지지자들과의 연계를 강화해갈 것으로 보는 것이다. 정보화로 인한 의사소통의 효율성 증대와 네트워크의 중요성 강화가 기존 정당조직 등과 적절하게 결합될 수 있으며 이는 정당이나 의회가 전통적으로 담당해 온 대의제 기구로서의 역할을 더욱 강화시켜 나가게 될 것이라는 보는 것이다.

이러한 논의의 바탕에는 과거에도 정당정치가 새로운 매체의 등장과 함께 유사한 도전에 직면했지만 이를 성공적으로 극복했다는 인식이 깔려 있다. 예를 들면, 대중매체의 보급과 확산에 따라 과거 지구당을 중심으로 한 당원의 조직과 영향력이 줄어드는 변화를 겪었지만, 동시에 정당은 대중매체를 통한 선거 캠페인을 적극적으로 활용하기 시작했고 조직 형태도 대중정당으로부터 선거전문가 정당으로 변모해 갔다. 최근 인터넷의 등장 역시 정당의 약화보다는 정당 내부의 의사소통과 당내 정책 결정 구조의 투명성과 개방성을 증대시킴으로써 오히려 당내 민주주의를 강화하고 정당과 지지자들 간의 연계를 더욱 든든하게 하는 기능을 수행하고 있다는 것이다. 정당을 이끄는 정치 엘리트의 반응성과 책임성을 촉진하는 한편, 정당과 정치엘리트들의 정치적 지배력을 복원하여 전통적인 공급자 중심의 정치과정을 강화시킨다는 것이다(윤성이 · 장우영 2007, 85-86).

정보화로 인한 정당의 변화에 대한 위의 상반된 논의는 흥미로운 시각 차이를 보여주고 있지만 이런 두 가지 논의 모두 현실을 그대로 반영하는 것이라고 보기에 어렵다. 왜냐하면 이러한 논의는 정당의 기능 및 역할에 대한 구체적 분석이나 고려 없이 정보화로 인한 정치 환경의 변화만으로 정당의 강화 또는 위기를 진단하고 있다는 한계를 가지고 있다. 따라서 정보화 추세에 발맞춘 새로운 한국형 정당모델을 모색하기 위해서는 우선 당원의 시각을 통해 한국 정당 내 조직과 운영 현실을 살펴보는 것이 필요하다. 정당의 구성원인 당원들은 이념과 정책에 있어서 유사한 가치를 공유하는 이들이라고 할 수 있기 때문에 일반 유권자들에 비해 당원의 시각으로 정당 내부의 실재적 문제를 살펴보고 이를 토대로 정당 개혁을 위한 현실적인 대안을 찾는 것이 보다 적절하다고 판단하기 때문이다(윤종빈 2017). 이를 위해 명지대학교 미래정치연구소와 명지대학교 대의민주주의 사회통합연구단(SSK)이 2019년 한국리서치에 의뢰하여 실시한 『한국형 정당모델 탐색을 위한 국민인식조사』 사용하였다. 『한국형 정당모델 탐색을 위한 국민인식조사』는 2019년 2월 1일부터 15일까지 한국 성인남녀 22,279명을 대상으로 지역별 · 성별 · 연령별 기준 비례할당으로 무작위 추출하여 CAWI(Computer Assisted Web Interview)방식을 이용하여 조사하였으며, 이 중 당원 인식 조사를 위해 설문에 응한 정당의 당원 수는 1,294명으로 집계되었다.

2. 당원 인식을 통한 한국 정당의 현주소

한국 정당의 방향성을 제시하기 위해서는 정당 모델에 대한 논의가 선행되어야 하는데 국내에서는 일반적으로 키(V.O. Key)의 분석틀을 사용하여 한국 정당의 현실을 파악하고 있다(윤종빈 2017). 키는 정당의 기능을 '조직으로서의 정당(Parties as Organization)', '정부 속 정당(Parties in Government)', 그리고 '유권자 속의 정당(Parties in the Electorate)'으로 분류한다. '조직으로서의 정당'이란 당원과 지지자들을 조직하고 그들의 가치와 이해관계를 집약·표출하며, 의원 등 정당지도자를 발굴·훈련하는 정당활동으로서 당 활동가와 당원들의 관계가 중요하다. '유권자 속의 정당'이란, 선거에서 지지와 참여를 활성화하는 측면으로서 선거운동원, 지지자, 그리고 유권자들과의 관계가 중요하다. '정부 속 정당'이란, 의회에서 입법 활동과 직접 정부를 구성하는 역할로서 의원, 의원실, 그리고 공직자들과의 관계가 중요하다. 이처럼 세 가지 기능이 얼마나 원활하게 이루어지는가에 따라 정당 및 정당 체계의 성숙도를 판단할 수 있다.

〈표 1〉은 키의 이론적 틀을 적용하여 한국 정당에 대한 평가를 보여주

〈표 1〉 키의 분석틀과 한국 정당 평가

영역	정당기능의 내용	한국 정당 평가
유권자 속의 정당	- 유권자의 자발적 참여 - 정당과 유권자 간의 소통	- 참여와 동원의 부재 - 정당과 유권자의 괴리
조직으로서의 정당	- 당내 민주주의 실현 - 중앙당과 지역정당조직의 역할 분담	- 당원참여의 부족 - 상향식 공천의 제도적 미비
정부 속의 정당	- 정당의 각료 충원 및 정부 구성 - 교섭단체인 정당의 의회 운영(행정부와 의회 관계 규정)	- 책임정당정치의 미흡 - 행정부·여당 대 야당의 대결구도

주: 윤종빈(2017) 재인용

고 있는데, 정당은 정당 지도부나 소수의 역량 있는 정당 소속 정치인들이 중심이 되어 운영되기 때문에 시민들의 정치적 이익의 표출 및 집약 활동을 중심으로 하는 정당의 모습보다는 선거 캠페인 당시의 특정 이슈와 갈등의 전달에 정당 활동을 치중해 왔다. 한편, 정당의 주요 요직이나 공직 선출을 위한 공천권이나 결정권이 정당 조직 상층의 소수에 집중되어 있어 제왕적으로 군림하는 한국 정당의 구조는 당원이나 시민들의 당에 대한 영향력을 제한하여 소통의 원활함이 보장될 수 있는 민주적인 구조를 만들어내지 못하였다. 이로 인해 정당이 당원이나 지지자들이 원하는 정책을 전달하고 수행하는 것을 어렵게 만드는 결과를 가져왔다. 이러한 키의 분석틀이 정당의 기능을 상호배타적으로 분류할 수 있는 것은 아니지만 이를 토대로 한국 정당들을 평가할 수 있는 기반을 마련한다는 점에서 의의가 있다(윤종빈 2017).

한국 정당의 고착화된 문제점을 해결하기 위해서 국내에서는 꾸준히 정당개혁을 위한 여러 가지 정당모델이 논의되어 왔다. 첫째는 대중정당 모델로 한국 정당의 조직적 취약성을 극복하기 위한 것으로 당원의 자발적이고 적극적인 활동이 토대가 되기 때문에 '조직으로서의 정당' 기능을 강조하였다(최장집 2005; 박찬표 2002). 그러나 대중정당은 강력한 당원 조직을 중심으로 한 위계적 조직 구조를 특징으로 하기 때문에 우리나라의 경우 자발적 당원을 확보하는 것이 쉽지 않고 당원 중심의 의사 결정을 통한 정당 민주화가 가능한지에 대한 논쟁이 계속되고 있다.

다음은 현역의원들이 중심이 되는 '원내정당 모델'로 '정부 속의 정당'의 기능을 강조하였다. 현역 국회의원들은 교섭단체를 구성하며 여당은 정부 구성에 참여하고 야당은 국회에서 정부 및 여당을 견제한다(임성호 2003). 이 모델에서 정당의 지역조직은 선거 때에만 집중적으로 활동하고 당내 최종 의사결정은 현역의원들이 참여하는 중앙당 의원총회에서 이루어지지만, 유권자에 대한 동원과 소통이 원활하지 않은 경우에 원내정당 모델을 적용하기에는 무리가 따른다.

마지막은 원내정당 모델을 기반으로 발전한 '유권자정당 모델'로 정당 지지자와 정당투표자들이 정당의 의사결정 과정에 참여하게 함으로써 '유권자 속의 정당'은 강화되고 이처럼 강화된 '유권자 속 정당'은 '공직 속 정당'과 긴밀하게 연계된다(정진민 2009). 이 모델에서는 유권자들에 대한 정당의 개방성과 반응성 그리고 의원들의 자율성과 정책 역량 강화를 핵심으로 하지만 현실적으로 기존의 정당 조직 구성이나 운영 과정에 당원이나 국민들이 참여할 여지가 적다는 것이 문제점으로 지적된다.

특히 세 가지 수준의 정당 기능 중 대의민주주의 실현을 위한 가장 기본적인 토대가 되는 것이 바로 당내 민주주의 실현(조직 속의 정당)인데, 그 이유는 정당의 조직구조가 유권자의 아래로부터의 의사를 수렴할 수 있는 틀이 만들어져야 정부의 정책과 국회의 법률안이 유권자의 요구를 제대로 반영할 수 있기 때문이다. '조직 속의 정당' 차원에서 지금까지의 한국 정당은 유권자와 당원의 의사수렴을 위한 충분한 제도적 반응성이 있다고 평가하기 어렵다. 사실, 정당의 당내 주요 정책 결정은 당원의 견해가 반영되어야 한다. 왜냐하면 정당은 기본적으로 시민사회 내에서 자발적으로 결성된 조직이며 시민과 국가를 연결하는 중요한 연결고리이기 때문이다. 따라서 정당을 구성하는 당원의 견해가 당내의 적절한 제도적 절차를 통해 정당의 정책이나 의견으로 수렴되고 선거에서의 승리를 통해 이를 실현시키려고 하는 것이 올바른 정치 과정상의 절차이다. 이를 위해 당내 공천과 당내 의사결정에서 당원의 의사가 아래로부터 반영되고 있는지 살펴볼 필요가 있다. 특히 당원들이 당내 주요 정책결정 과정에 참여할 수 있도록 제도적으로 보장되어 있는가의 여부는 정당 정치의 발전을 위해 매우 중요한 조건이 된다. 그러나 당원들을 대상으로 한 설문조사 결과에 따르면, 정당의 정책결정 과정에서 당원들이 소외되어 있음을 보여주고 있다. 〈표 2〉를 보면 당원들의 대다수는 당원들(33.75%)이 주요 정책결정을 해야만한다고 생각하지만 실제로는 중앙지도부(53.3%)가 정책결정을 하고 있다고 생각한다. 특히 당원이 정책을 결정하고 있다는 응답은 17.4%에 불과했다. 이처럼 정당의 정책 결정과정에서 당원들의 참여는 제한적이며 그 역할이 주변화되었다고 볼 수 있다.

〈표 3〉의 결과를 살펴보면, 당원의 절반이상(58.8%)이 한국 정당이 해결해야 할 가장 시급한 문제에 대해 "투명하고 공정한 공천'을 꼽았다. 한국의 공천제도는 폐쇄적이고 중앙집권적인 유형에서 2002년 대통령 선

〈표 2〉 정당의 정책 결정 권한에 대한 당원들의 평가

	주요 정책결정을 누가 해야만 하는가?	주요 정책결정을 실제로 누가 하고 있는가?
중앙지도부	31.8	53.8
국회의원	29.1	23.0
일반/권리/책임 당원	33.7	17.4
시도당 지도부	4.6	4.8
무응답	0.8	1.0
합계(N)	100(1294)	100(1294)

〈표 3〉 정당이 가장 시급하게 해결해야 할 문제에 대한 당원들의 평가

구분	1순위(100%)
투명하고 공정한 공천	58.8
정부구성과 국정운영을 위한 정강·정책 개발	14.2
일반 유권자의 자발적인 정당 참여의 확대	14.0
당원의 권한과 책임의 강화	7.4
중앙당의 축소와 지역조직의 강화	5.6

거를 기점으로 도입된 상향식 경선제도로 대표되는 공천의 민주화 흐름을 이어오고 있지만, 당내 민주주의 실현을 위해서는 당내 공천과정이 투명하고 공정하게 이루어질 수 있는 의사결정 시스템이 마련되어야 한다. 그래야만 당내 경선에 참여한 일반 유권자들의 만족도가 높아질 것이고 그러한 경험을 바탕으로 당원이 되고자 하는 의지가 제고될 것이기 때문이다. 더 나아가, 공천은 정치인 충원의 시작단계이기 때문에 입법부와 행정부의 인적 구성의 변화를 가져올 수 있으며 향후 인적 구성의 변화로 인한 정책의 변화도 가져올 수도 있다. 따라서 공천이 궁극적으로 누구를 어떻게 정치과정에서 대변할 것인가라는 대의의 측면에서도 변화를 야기할 수 있다(최준영 2012). 이러한 측면에서 공천은 '조직 속의 정당'의 기능을 넘어서 '정부 속의 정당'에도 영향을 가져올 수 있다.

한국 정당이 갖는 또 다른 문제점은 정당의 조직과 운영이 민주적이지 못하다는 점이다. 한국 정당들은 과거에 비해 중앙당 조직이 비대해졌지만 중앙의 권한을 수평적으로 분산하는 것에는 소홀해 당내 민주주의가 약화되어왔다. 정당의 조직구조가 분권화되어 아래로부터 유권자의 의사를 수렴할 수 있는 기반이 만들어져야 정부의 정책과 국회의 법률안에 유권자의 의사가 반영될 수 있는 것이다. 〈표 4〉는 정당 거버넌스 (중앙과 지역)에 대한 당원들의 평가를 보여주는 것인데, 당원의 68.6%가 서울에 있는 중앙당이 중요한 당의 정책 결정을 내리고 있으며 시도지부를 포함한 하위 당 조직의 영향력은 사실상 무시되고 있다고 인식하는 것으로 나타났다.

정당과 유권자와의 관계에 있어서, 〈표 5〉를 살펴보면 당원의 57.5%가 당과 유권자 간의 원활한 소통이 이루어지고 있지 않다고 보고 있다. 정당이 정당 활동의 정당성이나 지속성 확보를 위해 시민 사회와의 연계를 확대하지 않으면 일반 시민과 당원의 정치적 이익이나 요구를 집약하고 표출하는 기능을 담당하는 정당의 모습은 위축될 수밖에 없다. 또한 정당조직이 그들의 당원 및 유권자와 접촉을 통해 긴밀한 관계를 맺지 않고 폐쇄적인 정당구조를 유지하면 '유권자 속의 정당'은 이루어지기 어려울 것이다. 지금처럼 유권자와 유리되어 있는 정당으로부터 유권자와 연계가 강화된 정당으로 발전되어 나가기 위해서는 무엇보다도 정당 지지자와 당원들이 정당의 의사결정 과정에 적극적으로 참여할 수 있도록 정당을 개방할 필요가 있다. 이처럼 정당의 개방성이 확보될 수 있을 때 유권자들의 요구와 선호에 대한 정당의 반응성도 제고될 수 있을 것이다(정진민 2014).

지금까지 한국 정당의 당원들을 대상으로 한 분석을 통해 현재 한국 정당정치가 갖고 있는 여러 가지 문제점을 살펴보았는데 이러한 문제점을 해결하기 위해서는 시민사회와 정당, 그리고 정부의 세 가지 연결고리가

〈표 4〉 정당 거버넌스에 대한 당원들의 평가(중앙-지역)

구분	매우 동의한다	동의한다	동의하지 않는다	전혀 동의하지 않는다	합계(N)
중앙의 결정이 지역조직에 일방적으로 하달된다 (중앙-지역)	13.1	51.5	30.1	5.2	100(1,294)

〈표 5〉 정당 거버넌스에 대한 당원들의 평가(당-유권자)

구분	매우 동의한다	동의한다	동의하지 않는다	전혀 동의하지 않는다	합계(N)
당과 일반 유권자의 소통이 활발하다 (당-유권자)	6.6	35.9	43.1	14.4	100 (1,294)

순환적으로 잘 작동하고 연계되어야만 한다. 그리고 한 가지 주지해야 할 사항은 현재의 한국 정당이 정보화라는 급속히 변화하는 환경에 적응하면서 궁극적으로 대의민주주의의 위기를 극복하기 위해서는 대중정당 모델이나 유권자 정당 모델 등과 같이 한 가지 기능만이 특성화된 모델이 아닌 새로운 거버넌스 정치모델로서 다층적 수준의 상호 연계된 기능(조직으로서의 정당, 정부 속의 정당, 유권자 속의 정당)을 가진 조직으로 정당의 역할을 이해해야 한다는 점이다.

Ⅳ. 한국형 정당모델의 모색: 플랫폼 정당

많은 학자들은 한국 정당정치의 위기극복과 발전을 위해 이념적 정파성을 띤 당원의 활동을 강조한 '조직으로서의 정당'의 비중을 키우는 대중정당 모델(김영태 2001, 2009; 박찬표 2002, 2007; 최장집 2005), 원내 의원을 주요 행위자로 하는 '정부 속 정당'의 비중을 강조한 원내정당 모델(임성호 2003), 원내정당 모델이 진화한 유권자정당 모델(정진민2011), '정부 속 정당'과 일반 유권자의 역할을 중시하는 '유권자 속의 정당' 간의 연계 및 네트워크를 추구하는 의원-유권자 네트워크 정당 모델(채진원 2015), 그리고 더 나아가 '정부 속의 정당'과 '유권자 속의 정당'의 연계를 온라인과 오프라인에서 강화하기 위한 시민참여형 네트워크정당모델(채진원 2016) 등을 개혁 방향으로 제시하고 있다. 그러나 '정부 속 정당' 또는 '조직으로서의 정당' 가운데 어느 한쪽에 치우친 정당조직은 유권자에 대한 정치적 대표성과 선출된 의원의 책임성을 제고하기 어렵다. 특히 선진민주주의 국가들의 정당들과 달리 한국의 정당은 대중정당의 단계를 거치지 않고 87년 민주화 이후 선거를 앞두고 급조되었기 때문에, 초기부터 당원 조직이 매우 약한 상태에서 공직자들과 정치 활동가들을 중심으로 운영되었으며, 이러한 경향은 정당의 중앙집권적 구조와 비민주적 운영이 계속되면서 더욱 강화되었다. 따라서 이에 대한 해결방안으로 원내정당의 강화가 유의미한 해법일 수도 있지만, 탈근대화와 정보화 등의 사회변동으로 대중정당 모델의 한계가 드러났기 때문에 원내정당화로의 정당개혁이 필요하다는 주장도 제기되었다(임성호 2003; 정진민 2007). 게다가 당원인식 조사를 바탕으로 분석한 결과 '조직으로서의 정당' 역시 정당의 효율적 유지를 위해 배제하는 것이 아니라 재정비 할 필요성이 확인되었다. 따라서 이상적인 정당 모델은 원외정당이 당원과의 지속적인 의사소통을 중심으로 유권자와 긴밀한 관계를 유지하고 유권자의 이해관계와 사회적 흐름을 파악하여 실질적으로 이익을 집약하는 것을 전제해야 하며, 이를 바탕으로 원내정당은 법안을 발의하고 정치적 의제와 정책으로 형성하는데 핵심적인 역할을 수행해야 한다. 이를 위해 '조직으로서의 정당'은 일관성 및 안정성과 분권성을 갖추고, 동시에 '정부 속 정당'과 '유권자 속의 정당'은 반응성과 소통을 강화해야 한다. 그러나 서구에서 정형화된 유형의 정당모델로는 한국의 정당정치를 제대로 설명하기 어렵기 때문에 한국형 정당모델의 구축이 시급하다.

그렇다면 정보화 시대에 정당의 정책역량을 강화하고 일반 유권자의 지지를 확대하며 소속 의원들의 책임성과 자율성을 높이는 동시에 기존 당원들의 결속력을 강화하기 위하여 한국정당은 어떠한 형태의 조직을 갖추어야 하는가? 우리가 고려하는 한국형 정당모델은 키의 정당기능모델을 기반으로 하되, 온라인과 오프라인의 결합을 통해 시민의 참여를 확대하고 요구에 유연하게 대처할 수 있는 '플랫폼 정당(platform party)'의 형태[1]라고 할 수 있다. 이러한 플랫폼 정당모델은 기존의 모델을 대체하는 것이 아니라 정보통신기술 환경에 조응하여 정당-시민사회 간의 커뮤니케이션 양식을 보완함으로써 일반 유권자들과 전방위적 관계를 맺어 외연을 확대해 가는 것이다. 즉, 기존의 정당조직 형태나 기능을 유지하면서 정보화가 갖는 고유의 특성인 쌍방향성, 적응성 그리고 즉각적인 반응성 등을 정당의 기능에 반영하여 일반 시민들과 정치과정 사이의 격차를 좁혀 대의민주주의의 위기를 극복하는 것이다. 지금까지 정당이 최고의 정치조직으로 제도화될 수 있었던 것은 주변 환경에 능동적으로 적응했기 때문이다. 예를 들면, 정당이라는 집합체가 등장한 이후 정당 유형은 정치·경제·사회의 역사적 발전과정에 따라 간부정당, 대중정당, 포괄정당, 선거전문가정당, 카르텔정당 등으로 지속적으로 변모해왔으며, 지금과 같은 정보화 시대에 기존의 수직적, 위계적, 계통적인 정당모델로는 더 이상 생존할 수 없기 때문에 현대 정당들은 변화된 시대 상황에 조응하기 위해 '당원'과 '비당원'의 구분을 넘어서 정당과 정치인을 '지지'하는 시민들과의 소통과 네트워킹을 강화할 수밖에 없다(Dalton, Ferrell and McAllister 2011; Scarrow 2014).

따라서 한국형 플랫폼 정당 모델은 고비용·저효율의 정치구조를 바로잡기 위해 오프라인에서는 풀뿌리 정당활동을 통해 지역주민의 다양한 정치적 의견과 요구를 수렴하도록 노력하고 온라인상에서는 캠페인 플랫폼, 정책 플랫폼, 청원 플랫폼, 민원 플랫폼, 미디어 플랫폼, 커뮤니티 플

1. '플랫폼 정당'은 정보화 시대에 등장한 새로운 형태의 조직, 새로운 가치 그리고 다양한 사회관계를 형성, 유지, 수용하고자 하는 정당이다(Gerbaudo 2018). 여기에서 '플랫폼'이라는 용어는 새로운 가치를 창출하는 토대이자 공간의 의미로 사용되며, 기본적으로 참여, 개방 등을 지향한다. 이러한 형태의 정당은 이미 세계 여러 나라에서 나타나고 있는데, 그 사례로는 스페인의 포데모스, 이탈리아의 오성운동, 북유럽 국가들의 해적당, 프랑스의 굴복하지 않는 프랑스 등이 있다.

랫폼 등 다양한 형태의 플랫폼을 통해 시민참여 및 지역사회와의 연대와 네트워크 강화, 지지세력 확장, 당원 관리 및 캠페인 마케팅의 효율성을 극대화하는 것을 목적으로 한다. 즉, 정당 내의 의원, 당원, 유권자가 정당 밖 지지자들 및 지역사회와 정보를 쌍방향적으로 생산, 유통, 확산할 수 있도록 정당이 플랫폼을 장착하여 온/오프라인 모두에서 시민의 참여를 극대화하는 정당모델이다(〈그림 1〉 참조). 예를 들면, 원외정당은 선거정치에서 다양한 SNS(social network services)을 통한 온라인 네크워크 서비스를 제공하여 당원과 유권자의 지지를 호소하는 등 소통 증대에 중심적인 역할을 하는 동시에 당원조직을 통해서도 웹 모바일 및 애플리케이션 형태의 모바일 포스팅을 지원하여 시민사회 속에 뿌리를 내려 자신이 대표해야 할 사회적 현안과 이슈를 파악하여 정치 쟁점화함으로써 의회정치에서 원내정당의 원활한 입법 활동을 돕는 것이다. 즉 원내정당과 원외정당은 SNS 플랫폼과 그것의 정치적 활용을 통해 선거정치와 의회정치에서 서로 다른 역할을 수행하는 것이다. 따라서 의원 개인의 영역을 중시하는 미국식 유권자 정당(원내정당)과 조직의 영역을 강조하는 유럽식 대중정당(원외정당) 가운데 하나를 선택하는 것이 아닌 SNS와 같은 정보통신기술을 매개로 시민사회와의 활발한 소통 및 유권자의 동원 모두를 가능하게 하는 융합 및 상호의존형 정당 모델로 기능하게 되는 것이다.

또한 이러한 한국형 플랫폼 정당모델은 지구당 폐지가 야기한 지역에서의 정당활동 위축을 개선하고 풀뿌리 민주주의의 정착에 기여할 수 있다. 사실 지구당의 폐지는 정치의 투명성과 효율성이라는 측면을 강조한 나머지 정당의 본분인 유권자 참여 조직으로서의 역할을 간과했다는 비판을 받아왔다. 비록 2005년의 정당법 개정에서 임의조직인 당원협의회를 설치하여 지역에서의 정당 활동을 도모하였으나 과거 지구당에 비해

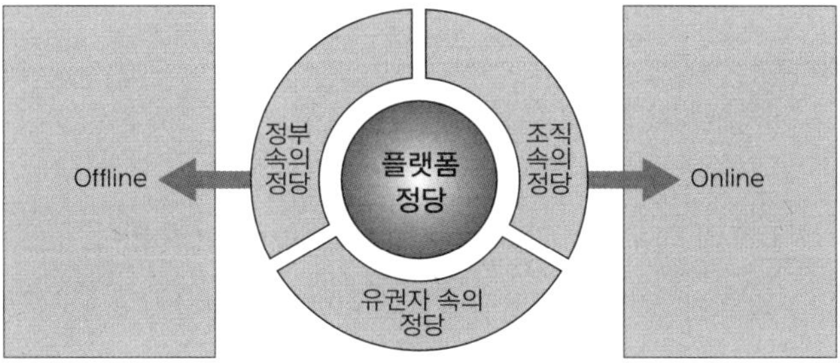

〈그림 1〉 정보화 시대의 한국형 플랫폼 정당 모델

취약하고 활성화되어 있지 못하다는 한계를 갖고 있다. 최근 지역에서의 정당 활동 활성화를 위해 지구당을 부활해야 한다는 논의도 있지만 과거에 문제가 되었던 지구당 운영의 비효율성과 비민주성이 되풀이될 수 있기 때문에 지구당 부활은 신중한 논의와 검토가 필요한 사안이다. 따라서 지구당이 가졌던 순기능인 일상적인 정당 활동을 통해 시민과 제도정치를 연계하고 일상 공간에서의 정치참여를 확대하기 위해 오프라인에서는 당원협의회가 주축이 되어 생활단위를 중심으로 형성되는 지역사회 유권자들의 민의를 수렴하고 온라인에서는 당원협의회를 통해 결정된 사항에 대한 의사결정 플랫폼 구축과 외부정책 네트워크를 강화하기 위해 모바일(Mobile) 등 온라인과 유기적으로 연계한 옴니채널(Omni-channel)[2]을 구축하는 전략을 추진할 수 있다.

더 나아가 다양한 형태의 플랫폼을 통해 정당 활동에 당원과 시민들의 소통과 참여가 가능하고 그들의 요구사항이 당의 정책결정과정에 실질적으로 반영되는 시스템을 구축하며, 오픈프라이머리나 국민비례대표 추천제 등과 같은 공천과정에 일반 시민들도 참여할 수 있는 기회를 정당이 보

2. 옴니채널이란 온라인과 오프라인을 유기적으로 융합한 구조로, 온라인과 오프라인의 장점을 합친 것을 말한다.

장한다면 정당과 시민 간 분절현상은 소멸될 수 있을 것이다. 그리고 정당 조직 역시 내부 민주주의의 가능성이 배제되는 '과두제의 철칙'이 정당 내부에 자리 잡을 가능성이 현저히 낮아지게 될 것이다. 또한 플랫폼 정당은 온라인과 오프라인이 네트워크로 항상 연결되어 상호작용이 가능하기 때문에 일반 유권자들과 당원들이 손쉽게 원하는 정보를 습득할 수 있도록 편의를 극대화 할 수 있고 당의 운영상황을 실시간으로 공유하고 참여하는 것이 가능해지기 때문에 자발적인 지지자와 당원 중심의 정당으로 운영될 수도 있을 것이다.

그러나 정보통신기술의 발달로 인터넷을 통한 정치참여가 활성화되면서 전통적으로 정치참여의 통로 역할을 담당해 온 정당과 집단, 의회 등 대의민주주의의 여러 기제들은 과거에 경험하지 못한 새로운 도전에 직면하게 되었다. 따라서 이러한 변화에 부응할 수 있는 한국형 플랫폼 정당으로 거듭나기 위해서는 몇 가지 기반 조성이 선행되어야 한다. 특히 정보통신기술이 발전하면서 정당은 전통적인 정당의 역할과 함께 기술발전 환경에 따라 새로운 변환을 시도하고 있다. 따라서 정보화 시대의 정당은 정보화 시대 이전의 정당과는 다르게 크게 변화할 것을 요구받고 있다. 첫 번째는 정당과 시민 그리고 중앙과 지방 사이의 관계 설정과 관련된 것인데 이 관계는 수평적이고 개방적이어야 할 것이다. 의원-유권자 연계의 수평적인 네트워크가 현실화되기 위해서 정당은 해당 이슈에 관심있는 유권자의 자발적 참여가 이루어질 수 있도록 해야 하는데, 이를 위해 정당은 다양한 플랫폼을 활용하여 정책 등에 대한 유권자들의 의견제시가 원활하게 이루어질 수 있도록 지원해야 한다(채진원 2010). 또한 중앙과 지역 사이의 수평적인 협력을 특징으로 하는 '협력적 거버넌스(collaborative governance)'를 관리하는 것이 정당의 새로운 역할 중의 하나가 될 것이다.

두 번째는 정당 조직 성격의 변화를 뜻하는 것이다. 정보화 시대의 정당은 경직되고 정형화된 제도권 조직의 모습에서 벗어나 시민의 직접적인 정치참여 및 정책참여 욕구에 대한 이해와 수용에 조응할 수 있는 좀 더 유연한 성격으로 변화할 필요가 있다. 기존의 대중매체를 매개로 한 정치는 시민들의 정치적 무관심과 투표율 감소현상을 초래하였지만 인터넷과 같이 디지털화된 정보를 활용한 정치참여는 기존의 정치과정에서 실현되기 어려웠던 정책과정의 투명성 확보와 시민 참여 증대를 통해 일반 유권자의 정치적 영향력을 확대시킬 수 있다. 결국, 정당의 조직을 변화시킴으로써 정당이 지역사회의 참여에 더욱 개방되고, 당원이나 지지자들의 의사를 반영하려는 조직적 노력을 증대한다면 정당의 정책기능과 책임정치 실현의 과제는 조금 더 수월해질 것이다. 이는 정당이 갖는 본연의 두 가지 기능인 대의 민주주의 국가의 운영을 매개하고 국민의 정치참여보장을 매개한다는 기능에 충실하게 할 것이다.

마지막으로, 블록체인과 같은 기술을 기반으로 사용자 간 상호작용과 의사결정이 이루어지는 형태의 기술도입이 정책결정에 미치는 영향에 대비할 수 있어야 할 것이다. 최근 우리 사회의 화두가 되고 있는 4차 산업혁명이라는 용어는 인공지능, 빅데이터, 사물인터넷, 블록체인 등과 같은 정보통신 및 산업기술의 혁신을 의미할 뿐만 아니라 한 사회의 가치, 문화, 규범, 제도, 행태의 변화를 포함하는 커다란 변화의 물결을 의미한다. 특히, 많은 전문가들은 블록체인에 기반한 전자투표가 오프라인 투표의 제약사항인 시간과 장소를 극복할 수 있고 기존의 온라인 투표와 달리 합의 알고리즘이 적용돼 투표 정보의 왜곡이 방지될 수 있다고 주장한다. 따라서 정당은 4차산업혁명 기술을 발 빠르게 수용하여 정당구조와 의사결정 과정을 더욱 민주적이고 효율적으로 바꿔 정치에 관심 있는 시민들이 블록체인상에서 온라인으로 투표하며 정책 이슈에 대한 자신의 의사를 적극적으로 표현할 수 있도록 지원해야 할 것이다. 아울러 일반 시민들이 과도하게 정치 현안에 관심을 갖고 의견을 개진할 때, 합리적 의사결정 과정을 거치기보다는 감성적인 주관적 판단이나 군중 심리에 매몰돼 정책결정 과정에 혼선을 빚게 만들 수 있기 때문에 이러한 중우 민주주의의 우려에 대해서도 대비하고 보완할 필요가 있을 것이다.

V. 결론

본 논문에서는 최근의 정보통신기술로 인해 대의민주주의가 당면한 위기를 조명하고 기술혁신이 대의민주주의의 주요 행위자인 정당에게 미치는 영향 그리고 그 대응 방안으로써 한국형 정당모델을 모색하고자 하였다. 이를 위하여 정당의 기능을 '조직으로서의 정당'(Parties as Organization), '정부 속 정당'(Parties in Government), '유권자 속의 정당'(Parties in the Electorate)으로 분류한 키(V.O.Key 1964)의 분석틀을 바탕으로 정보화 시대에 조응 할 수 있는 대안 정당모델로써 한국형 플랫폼 정당모델을 제시하였다.

한국형 플랫폼 정당모델은 다음과 같은 특성을 지닌다. 첫째, 한국형 플랫폼 정당모델은 고비용·저효율의 정치구조를 개선하고 온라인과 오프라인에서 시민들의 적극적인 참여를 가능하게 한다. 오프라인에서는 풀뿌리 정당활동을 통해 지역주민의 다양한 정치적 의견과 요구를 수렴하도록 노력하고 온라인상에서는 시민참여 및 지역사회와의 연대와 네트워크 강화, 지지세력 확장, 당원 관리 및 캠페인 마케팅의 효율성을 극대화할 것으로 기대된다. 둘째, 한국형 플랫폼 정당모델은 지구당 폐지가 가져온 지역에서의 정당활동 위축을 개선하고 풀뿌리 민주주의의 정착에 기여할 수 있다. 지구당이 가졌던 순기능인 일상적인 정당활동을 통해 시민과 제도정치를 연계하고 일상 공간에서의 정치참여를 확대하기 위해 오프라인에서는 당원협의회가 주축이 되어 생활단위를 중심으로 형성되는 지역사회 유권자들의 민의를 수렴하고 온라인에서는 당원협의회를 통해 결정된 사항에 대한 의사결정 플랫폼 구축과 외부정책 네트워크를 강화하기 위해 온라인과 유기적으로 연계한 옴니채널(Omni-channel)을 구축하는 전략을 추진할 수 있다. 마지막으로 한국형 플랫폼 정당은 다양한 형태의 플랫폼을 통해 정당 활동에 당원과 시민들의 소통과 참여가 가능하고 그들의 요구사항이 당의 정책결정과정에 실질적으로 반영되는 시스템을 구축할 뿐만 아니라 온라인과 오프라인이 네트워크로 항상 연결되어 상호작용이 가능하기 때문에 일반 유권자들과 당원들이 손쉽게 원하는 정보를 습득할 수 있도록 편의를 극대화할 수 있고 당의 운영상황을 실시간으로 공유하고 참여하는 것이 가능해지기 때문에 자발적인 지지자와 당원 중심의 정당으로 운영될 수 있다.

본 연구는 한국형 플랫폼 정당이 성공적으로 정착되기 위해서는 다음과 같은 변화가 수반되어야 함을 주장한다. 우선 정당과 시민 그리고 중앙과 지방 사이의 관계가 수평적이고 개방적이어야 하며, 정보화 시대의 정당은 경직되고 정형화된 제도권 조직의 모습에서 벗어나 시민의 직접적인 정치참여 및 정책참여 욕구에 대한 이해와 수용에 조응할 수 있는 좀 더 유연한 성격으로 변화할 필요가 있다. 또한 정당은 정당구조와 의사결정 과정을 더욱 민주적이고 효율적으로 바꿔 정치에 관심 있는 시민들이 블록체인상에서 온라인으로 투표하며 정책 이슈에 대한 자신의 의사를 적극적으로 표현할 수 있도록 지원해야 하는 것과 동시에 일반 시민들이 과도하게 정치 현안에 관심을 갖고 의견을 개진할 때, 합리적 의사결정 과정을 거치기보다는 감성적인 주관적 판단이나 군중 심리에 매몰돼 정책 결정 과정에 혼선을 빚게 될 수 있음을 염두에 두어야 한다.

최근 급변하는 정보통신기술의 발전 속에서 유권자들의 탈정치화, 투표율 감소, 정당일체감 약화 등의 현상으로 대의민주주의의 위기를 우려하는 가운데 한국 정당은 온라인과 오프라인의 융합을 통한 다양한 플랫폼을 구축하여 저비용 고효율의 정치 과정에서의 참여 확대를 보장하면서 다른 한편으로는 건설적인 토론 문화를 정착시키고 합리적 의사소통과 의사결정 과정을 확보할 수 있는 제도적 방안 마련과 시민의식 성숙이란 과제를 함께 해결해야 할 필요가 있다.

참고문헌

김영태. 2001. "독일연방의회 선거체계의 제도적 효과." 『국제정치논총』 41(3), 279-296.

______. 2009. "당원의 이념적·정책적 태도와 정당경쟁구도." 『한국정당학회보』 8(1), 197-224.

박찬표. 2002. "한국 정당민주화의 과제: '정당민주화'인가 '탈정당'인가?" 서강대학교 사회과학연구소 공개학술심포지엄, 169-210.

______. 2007. "전문가정당 정치론대 대중정당 정치론." 최장집·박찬표·박상훈. 『어떤 민주주의인가』 서울: 후마니타스, 230-271.

윤성이·장우영. 2007. "한국의 온라인 정치참여 특성: 수요자 중심 모델을 중심으로." 『정보화정책』 14(4), 82-101.

윤종빈. 2016. "정당정치와 대의민주주의에 대한 소고(小考)." 『미래정치연구』 6(1), 141-156.

윤종빈. 2017. "국회의원 선거구획정의 쟁점과 개선방안." 『현대정치연구』 10(2), 131-156.

임성호. 2003. "원내정당화와 정치개혁." 『의정연구』 9(1), 133-166.

장우영. 2007. "ICTs와 정당의 '적응'." 『한국국제정치논총』 47(1). 95-119.

정재관. 2013. "정보통신기술 혁명은 위기의 대의 민주주의를 구할 것인가?: 인터넷 이용의 정치참여 효과에 대한 국제비교." 『국제관계연구』 18(2), 137-164.

정진민. 2009. "원내정당론을 둘러싼 오해들에 대한 정리." 『한국정치연구』 18(1), 29-49.

정진민. 2014. "한국의 새로운 정당모델: 대안 정당으로서의 유권자정당." 『세계지역연구논총』 32(3), 7-36.

채진원. 2010. "원내정당모델의 명료화: 대안적 정당모델과의 비교 논의." 『의정연구』 16(2), 5-37.

______. 2015. "계파정치 극복을 위한 네트워크 정당모델과 오픈 프라이머리 논의." 『정

책연구』 가을호(9월), 143–179.

______. 2016. "시민정치의 흐름과 네트워크정당모델의 과제." 『민주주의와 인권』 16(1), 5–50.

최장집. 2005. 『민주화 이후의 민주주의 개정판』 서울: 후마니타스.

최준영. 2012. "한국 공천제도에 대한 연구동향과 향후 연구과제." 『한국정당학회보』 11(1). 59–85.

Aldrich, John H. 1995. *Why Parties? The Origin and Transformation of Political Parties in America*. Chicago, Ill.: University of Chicago Press.

Cairncross, Frances. 홍석기 역 1999. 『거리의 소멸 디지털 혁명』 서울: 세종서적.

Dalton, Russell J and Ian McAllister. 2007. "Political Parties and Political Development." *Party Politics* 13:2, 139-140.

Dalton, Russell J., David M. Ferrell and Ian McAllister. 2011. *Political Parties & Democratic Linkage: How Parties Organize Democracy.* New York: Oxford University Press.

Key, V. O. Jr. 1964. *Politics, Parties & Pressure Groups*. New York: Thomas Y. Crowell.

Gerbaudo, Paolo 2018. *The Digital Party: Political Organisation and Online Democracy.* Pluto Press

Lijphart, Arend. 1997. "Unequal Participation: Democracy's Unresolved Dilemma." *American Political Science Review* 91: 1-14.

Scarrow, S. 2014. *Beyond party members: Changing approaches to partisan mobilization.* Oxford: Oxford University Press.

Schattschneider, E.E. 1942. *Party Government.* New York: Holt, Rinehart and Winston.

… 이 책을 기획하고 집필한 정치학자들

윤종빈

현 | 명지대학교 정치외교학과 교수

현 | 미래정치연구소장

현 | 한국정치학회 대외협력이사

• 저서 및 논문

"한국적 사회적 자본에 대한 탐색적 연구"(『정치와 문화』 2019, 공저), "한국 유권자의 제3정당지지"(『한국정당학회보』 2019, 공저), 『민주주의의 두 얼굴』(푸른길 2019, 공저), 『국민의 참여가 민주주의를 살린다』(푸른길 2017, 공저), "한국 유권자의 정치신뢰와 정당일체감"(『한국정당학회보』 2015, 공저)

정수현

현 | 명지대학교 미래정치연구소 연구교수

현 | 숭실대학교 정치외교학과 초빙교수

• 저서 및 논문

"후보자의 지역대표성이 득표율과 당선가능성에 미치는 영향력: 제20대 국회의원 선거 결과에 대한 분석"(『한국정치연구』 2017), "국회의원 공약이행에 영향을 미치는 정치적 요인 분석"(『미래정치연구』 2017), "기후변화체제에서의 EU의 에너지 안보 전략과 성과"(『동서연구』 2016), "유권자의 정치이념과 정당일체감이 환경의식에 미치는 영향력"(『의정연구』 2016). 『트럼프는 어떻게 미국 대선의 승리자가 되었나: 2016년 미국 대선과 아웃사이더 시대』(오름 2017, 공저)

허석재

현 | 국회입법조사처 입법조사관

전 | 국립목포대학교 연구전임교수

전 | 한국사회과학데이터센터 연구실장

• 저서 및 논문

"한국의 국회의원 선거와 자원배분의 정치: 17대 국회 특별교부금 배분 사례"(『한국정치학회보』 2009, 공저), "합리적인 유권자인가, 합리화하는 유권자인가?: 17대 대선에 나타난 유권자의 이념과 후보선택."(『한국정치학회보』 2010, 공저), "한국에서 정당일체감의 변화: 세대교체인가, 생애주기인가"(『한국정당학회보』 2014) "정치적 세대와 집합기억"(『정신문화연구』 2014), "소득 불평등과 정치참여의 양식"(『한국정당학회보』 2015)

한정훈

현 | 서울대학교 국제대학원 조교수

현 | 숭실대학교 정치외교학과 조교수

• 저서 및 논문

"한국유권자의 이념성향: 통일의 필요성 인식에 미치는 효과에 관한 사례분석"(『한국정치학회보』 2016), "유럽의회 선거의 지지정당 결정과 범유럽적 요인: 영국의 사례를 중심으로"(『한국정치학회보』 2015), "Party Politics and the Powerto Report: Informational Efficiency in Bicameralism"(Journal of European Public Policy 2014), 『국민의 참여가 민주주의를 살린다』(푸른길 2017, 공저) 『정당이 살아야 민주주의가 산다』(푸른길 2015, 공저)

유성진

현 | 이화여자대학교 스크랜튼학부 부교수

현 | 한국정당학회 총무이사

• 저서 및 논문

"Growth of Citizen Movements and Changes in the Political Process in Korea and the US: Similarities and Differences"(Asia-Pacific Social Science Review 2016), "동성결혼 합법화는 어떻게 가능하였는가?: 여론과 정당정치 그리고 연방주의"(『한국과 국제정치』 2015), "정치신뢰와 풀뿌리유권자운동: 티파티운동의 사례를 중심으로"(『미국학논집』 2013), 『국민의 참여가 민주주의를 살린다』(푸른길 2017, 공저), 『미국의 대외정책과 동아시아정책』(경희대학교출판문화원 2017, 공저), 『정당이 살아야 민주주의가 산다』(푸른길 2015, 공저)

이정진

현 | 국회입법조사처 입법조사연구관

현 | 한국정당학회 부회장

• 저서 및 논문

"여성의 정치대표성 확대와 젠더갈등"(『세계지역연구논총』 2019), "지방정치 활성화를 위한 제도적 개선방안: 지방선거와 정당의 역할을 중심으로"(『한국동북아논총』 2018), "개방형 경선과 여성대표성: 제도적 고찰과 미국 사례를 통해"(『정치·정보연구』 2015, 공저), 『정치현장에서 진단하는 한국정당과 민주주의』(푸른길 2017, 공저), 『정당과 정당체계의 변화: 접근과 해석』(오름 2011, 공역)

박지영

현 | 명지대학교 미래정치연구소 연구교수

• 저서 및 논문

"민주주의의 두 얼굴: 왜 대중은 선거에서 잘못된 선택을 하는가?"(『의정연구』 2017), "Homo Civicus vs. Homo Politicus: Why Some People Vote But Not Others"(『미래정치연구』 2017), "Policy Popularity: The Arizona Immigration Law"(Electoral Studies 2016), 『국민의 참여가 민주주의를 살린다』(푸른길 2017, 공저)